Trennung, Scheidung, Unterhalt

D1874609

Theo Drewes

Rechtslexikon

Trennung, Scheidung, Unterhalt

FALKEN

Alle Stichworte auf einen Blick

Abkürzungsverzeichnis

Abs.	Absatz
AfA	Absetzung für Abnutzung
Art.	Artikel
AVAG	Anerkennungs- und Vollstreckungsausführungsgesetz
BAFöG	Bundesausbildungsförderungsgesetz
BGB	Bürgerliches Gesetzbuch
BGH	Bundesgerichtshof
BRAGO	Bundesrechtsanwaltsgebührenordnung
BSHG	Bundessozialhilfegesetz
bzw.	beziehungsweise
d. h.	das heißt
DDR	Deutsche Demokratische Republik
EGBGB	Einführungsgesetz zum Bürgerlichen Gesetzbuch
EStG	Einkommensteuergesetz
f./ff.	folgende/fortfolgende
FamRZ	Zeitschrift für das gesamte Familienrecht
FGG	Gesetz über die freiwillige Gerichtsbarkeit
GKG	Gerichtskostengesetz
GVG	Gerichtsverfassungsgesetz
HausratsVO	Hausratsverordnung
HausratsteilungsVO	Hausratsteilungsverordnung
OLG	Oberlandesgericht
RegelbetragsVO	Regelbetragsverordnung
SGB	Sozialgesetzbuch
StGB	Strafgesetzbuch
StPO	Strafprozessordnung
usw.	und so weiter
VAHRG	Gesetz zur Regelung von Härten im Versorgungsausgleich
z. B.	zum Beispiel
Ziff.	Ziffer
ZPO	Zivilprozessordnung
§	Paragraf

Vorwort

Es ist heute kaum noch vorstellbar, welche Veränderungen das Familienleben und das Familienrecht in den letzten hundert Jahren erfahren haben.
Nach dem Bürgerlichen Gesetzbuch, das am 1. Januar 1900 in Kraft getreten ist und in wesentlichen Teilen noch heute unverändert gilt, war der Mann das Oberhaupt der Familie. Er entschied allein in allen das Eheleben betreffenden Angelegenheiten; sein Name war der Ehe- und Familienname; er verwaltete und nutzte das Vermögen der Frau und ihm stand in erster Linie die elterliche Gewalt über die Kinder zu. Die nichtehelichen Kinder waren nur Kinder zweiter Klasse. Die Frau leitete lediglich das Hauswesen. In diesem Wirkungskreis stand ihr die Schlüsselgewalt zu. Vor dem Ersten Weltkrieg war es ungewöhnlich, dass eine Frau studierte oder eine leitende Tätigkeit in der Wirtschaft ausübte. Im Zweiten Weltkrieg mussten viele Frauen „ihren Mann stehen", aber erst nach 1945 wurde der Ruf nach Gleichberechtigung laut.
Das Grundgesetz der Bundesrepublik Deutschland vom 23. Mai 1949 enthielt zwei Aufträge zur Neugestaltung des Familienrechts, nämlich die Verwirklichung der Gleichberechtigung zwischen Mann und Frau (Art. 2 Abs. 2 Grundgesetz) und die Gleichstellung der nichtehelichen Kinder (damals hießen sie uneheliche Kinder) mit den ehelichen Kindern (Art. 6 Abs. 5 Grundgesetz).
Die Verwirklichung dieser beiden Forderungen des Grundgesetzes hat lange Jahre gedauert. Erst mit dem Gleichberechtigungsgesetz vom 18. Juni 1957 wurde ein erster Schritt getan und die Rechte der Frauen wurden gestärkt. Es wurde aber noch keine Gleichberechtigung geschaffen; beispielsweise war der Familienname des Mannes zwingend der Ehename. Allerdings wurde das alleinige Weisungsrecht des Mannes beseitigt und die Zugewinngemeinschaft eingeführt.
Mit dem Nichtehelichen-Gesetz vom 19. August 1969 wurden die unehelichen Kinder in nichteheliche Kinder umbenannt und galten nunmehr – was vorher nicht der Fall war – als mit dem Vater verwandt. Sie bekamen einen Erbersatzanspruch nach dem Vater und konnten den so genannten Regelunterhalt in einem vereinfachten Verfahren durchsetzen.
Mit dem ersten Eherechtsreformgesetz vom 14. Juni 1976 kam man äußerlich der Gleichberechtigung einen weiteren Schritt näher, denn nunmehr konnte auch der Ge-

burtsname der Frau als Ehenamen gewählt werden. Zum 1. Juli 1977 wurde das Schuldscheidungsrecht beseitigt.

Die Entwicklung des Familienrechts in der DDR war fortschrittlicher. Nach dem dortigen Familiengesetzbuch, das am 1. April 1966 in Kraft trat, waren Mann und Frau gleichberechtigt und die nichtehelichen Kinder den ehelichen gleichgestellt.

In der Bundesrepublik ist nach der Wiedervereinigung in einem langwierigen Gesetzgebungsprozess endlich zum 1. Juli 1998 die volle Gleichberechtigung von Mann und Frau und die Gleichberechtigung ehelicher und nichtehelicher Kinder verwirklicht worden.

Dazu war ein ganzes Bündel von Gesetzen notwendig, unter anderem das Kindschaftsrechtsreformgesetz, das Beistandschaftsgesetz, das Kinderunterhaltsgesetz, das Gesetz zur Neuordnung des Eheschließungsrechts; zahlreiche weitere Gesetzesänderungen kamen hinzu. Außerdem war das Erbrecht der nichtehelichen Kinder bereits zum 1. April 1998 geändert worden.

Diese vielen Gesetzesänderungen erschweren selbst den Juristen den Durchblick, welche Bestimmungen überholt sind und welche weiter gelten. Dieses Rechtslexikon stellt in alphabetischer Form kurz und übersichtlich den jetzigen Rechtszustand dar, jeweils mit Hinweis auf die neuen gesetzlichen Vorschriften. Wer tiefer in die Materie einsteigen will, muss die weiterführende juristische Literatur zurate ziehen oder einen Rechtsanwalt befragen. Für die „normalen" Fälle des Getrenntlebens, bei Scheidung, Unterhalt und elterlicher Sorge sollte dieses Lexikon aber eine ausreichende Informationsquelle darstellen und praktische Hilfe bieten.

Januar 1999 Theo Drewes

A

Abänderung des Unterhalts

Ausländische Unterhaltstitel

Ausländische Unterhaltstitel können von einem deutschen Gericht abgeändert werden, wenn für die ➔ Abänderungsklage ein deutscher Gerichtsstand gegeben ist.

Änderung einer Unterhaltsanordnung

Hat das Gericht eine ➔ einstweilige Anordnung (§ 620 ff. ZPO) auf Zahlung von ➔ Unterhalt ohne mündliche Verhandlung erlassen, wird eine solche Anordnung nicht formell rechtskräftig, sondern kann jederzeit abgeändert oder aufgehoben werden (§ 620b ZPO). Ist eine Unterhaltsanordnung jedoch aufgrund mündlicher Verhandlung ergangen, ist sie unanfechtbar (§ 620c ZPO). Eine solche Entscheidung kann grundsätzlich nicht abgeändert werden.

Unterhaltstitel der ehemaligen DDR

Nach den Bestimmungen des Einigungsvertrages können vor dem 3. Oktober 1990 rechtskräftig gewordene Unterhaltsentscheidungen von DDR-Gerichten durch ➔ Abänderungsklage abgeändert werden.

Vereinfachtes Abänderungsverfahren

Ist die Höhe der für einen Minderjährigen zu entrichtenden Geldrente in einer gerichtlichen Entscheidung, in einer Vereinbarung oder einer Verpflichtungsurkunde festgelegt, so kann der Berechtigte oder der Verpflichtete verlangen, dass der zu entrichtende Unterhalt der allgemeinen Entwicklung der wirtschaftlichen Verhältnisse angepasst wird (§ 1612a BGB; ➔ Vereinfachtes Verfahren über den Unterhalt Minderjähriger).
Für die Vergangenheit ist eine Unterhaltsabänderung nicht möglich, sondern nur für zukünftige Unterhaltsverpflichtungen (§ 323 Abs. 2 ZPO).
Da eine Abänderung des Unterhalts für die Vergangenheit nicht möglich ist, ist es bei einer wesentlichen Veränderung der wirtschaftlichen Verhältnisse des Unterhaltsschuldners oder Unterhaltsgläubigers dringend erforderlich alsbald eine Abänderungsklage bei Gericht einzureichen, falls keine außergerichtliche Einigung zwischen den Parteien möglich ist.

Abänderung von Entscheidungen des Versorgungsausgleichs

Die familiengerichtlichen Entscheidungen bezüglich des ➔ Versorgungsausgleichs und die Anpassung an eine geänderte Entwicklung der Versorgungsansprüche nach Scheidung (➔ Ehescheidung) können nachträglich geändert werden. Das ergibt sich aus dem Gesetz zur Regelung von Härten im Versorgungsausgleich in der Fassung vom 8. Dezember 1986 (VAHRG). Diese Vorschrift erlaubt darüber hinaus die Änderung fehlerhafter Erstentscheidungen. Eine Abänderung nach § 10a Abs. 1 VAHRG ist möglich, wenn

❶ in der Abänderungsentscheidung ein anderer Wert ermittelt wird als in der Erstentscheidung,

❷ ein in der Erstentscheidung als verfallbar behandeltes Anrecht sich als unverfallbar herausstellt oder unverfallbar wird,

❸ ein dem ➔ schuldrechtlichen Versorgungsausgleich überlassenes Anrecht doch ausgeglichen werden kann.

Abänderungsbeschluss

Auf wiederkehrende Unterhaltsleistungen (➔ Unterhalt) gerichtete Vollstreckungstitel, in denen ein Betrag nach § 612b BGB (Anrechnung des ➔ Kindergeldes) oder nach § 1612c BGB (Anrechnung sonstiger einbezogener Leistungen) anzurechnender Leistungen festgelegt ist, können auf Antrag im ➔ vereinfachten Verfahren durch Beschluss abgeändert werden, wenn sich ein für die Berechnung dieser Beträge maßgebender Umstand ändert (§ 655 ZPO).

Abänderungsklage

Bei der Verurteilung zu künftig fällig werdenden wiederkehrenden Leistungen, also insbesondere zu Unterhaltszahlungen (➔ Unterhalt), muss der Richter die voraussichtliche wirtschaftliche Entwicklung berücksichtigen. Der Richter geht beispielsweise davon aus, dass der Unterhaltspflichtige (➔ Unterhaltspflicht) auch in Zukunft ein entsprechendes ➔ Einkommen erzielen wird, um den festgelegten Unterhalt bezahlen zu können.

Die zukünftige Entwicklung lässt sich aber nicht mit Sicherheit voraussehen. Deswegen gibt es die Möglichkeit zur Abänderungsklage. In § 323 ZPO heißt es: „Tritt im Falle der Verurteilung zu künftig fällig werdenden wiederkehrenden Leistungen eine wesentliche Änderung derjenigen Verhältnisse ein, die für die Verurteilung zur Entrichtung der Leistungen, für die Bestimmung der Höhe der Leistungen oder der Dauer ihrer Entrichtung maßgebend waren, so ist jeder Teil berechtigt, im Wege der Klage eine entsprechende Abänderung des Urteils zu verlangen. Die Klage ist nur insoweit zulässig, als die Gründe, auf die sie gestützt wird, erst nach Schluss der letzten mündlichen Verhandlung … entstanden sind und durch Einspruch nicht mehr geltend gemacht werden können. Das Urteil darf nur für die Zeit nach Erhebung der Klage abgeändert werden."

Diese Vorschriften gelten auch für Schuldtitel, gerichtliche Vergleiche oder notarielle Urkunden mit wiederkehrenden Leistungen.

Eine solche Unterhaltsabänderungsklage für die Abänderung von Unterhaltstiteln ist beim ➔ Amtsgericht (➔ Familiengericht) einzureichen.

Ist die Unterhaltsfestsetzung nach § 649 Abs. 1 oder 653 Abs. 1 ZPO, also im ➔ vereinfachten Verfahren über den Unterhalt Minderjähriger, erfolgt, so ist die Möglichkeit zur Abänderungsklage nach § 654 ZPO gegeben.

Abfindung

Arbeitsrechtlich

Erhält der Unterhaltsverpflichtete eine Abfindung, z. B. bei Arbeitsplatzverlust, aufgrund eines Sozialplanes oder aus Anlass der Aufhebung eines Arbeitsvertrages (auch die Übergangsbeihilfe der Bundeswehr), so ist diese auf mehrere Jahre zu verteilen. Die Abfindungssumme selbst ist im Rahmen einer sparsamen Wirtschaftsführung zur Deckung des üblichen ➔ Unterhaltsbedarfs aller Berechtigten und des Verpflichteten zu verwenden. Eine Abfindung dient als Ersatz für das fortgefallene Arbeitseinkommen, damit eine Zeit lang die bisherigen wirtschaftlichen Verhältnisse aufrechterhalten werden können. Sie ist deshalb zeitlich so zu verteilen, dass der angemessene Bedarf des Berechtigten und des Verpflichteten in bisheriger Höhe sichergestellt wird. Erst nach Ablauf dieser Zeit kann eine Anpassung des ➔ Unterhalts an die veränderten Verhältnisse erfolgen (➔ Abänderungsklage).

Abfindungsansprüche nach islamischem Recht

Verlangt eine Ehefrau im Scheidungsverfahren (➔ Ehescheidung) bei einem deutschen Gericht Schadensersatzansprüche oder die Rückgabe der so genannten Morgengabe, können derartige Ausgleichsleistungen wie Unterhaltszahlungen angesehen werden (Art. 18 EGBGB).

Abfindung von Witwenrenten

Zu Schadensersatz- und Schmerzensgeldrenten siehe ➔ Anfangsvermögen.

Abschreibungen

Die Abschreibungen (steuerliche AfA) beeinflussen das ➔ Einkommen von Kaufleuten, Gewerbetreibenden und Freiberuflern. Sie können zu versteckten Rücklagebildungen führen. In unterhaltsrechtlicher Beziehung können deshalb Abschreibungen nur in gebotenem Umfang berücksichtigt werden. Die Faustregel, dass ein Drittel der Abschreibungsbeträge als unterhaltsrechtliches Einkommen anzusehen ist, muss im Einzelfall überprüft werden. Nach der neueren Rechtsprechung ist die Tendenz erkennbar, zumindest die linearen Abschreibungen entsprechend den amtlichen AfA-Tabellen ungekürzt auch unterhaltsrechtlich anzuerkennen.

Abstammung

Die frühere Unterscheidung zwischen ehelicher und nichtehelicher Abstammung eines Kindes ist seit dem 1. Juli 1998 aufgehoben. Der Begriff „nichtehelich" wird nicht mehr verwendet.

Gemäß § 1591 BGB ist die ➔ Mutter eines Kindes die Frau, die das Kind geboren hat. Gemäß § 1592 BGB ist ➔ Vater eines Kindes der Mann,

❶ der zum Zeitpunkt der Geburt mit der Mutter verheiratet ist,

❷ der die Vaterschaft anerkannt hat (➔ Vaterschaftsanerkennung),

❸ dessen Vaterschaft gerichtlich festgestellt ist (➔ Vaterschaftsfeststellungsklage).

➔ Vaterschaftsanfechtung, ➔ Verwandtschaft

Abstammungsrecht

➔ Abstammung, ➔ Kenntnis der eigenen Abstammung, ➔ Mutter, ➔ Vater, ➔ Vaterschaftsanerkennung, ➔ Vaterschaftsanfechtung, ➔ Vaterschaftsfeststellungsklage

Abtrennung von Folgesachen

Scheidungsverfahren (➔ Ehescheidung) können sich durch das ➔ Verbundverfahren (§ 623 ZPO) erheblich verzögern, und zwar insbesondere durch das im Zwangsverbund durchzuführende ➔ Versorgungsausgleichs-Verfahren. Das Gericht kann jedoch eine ➔ Folgesache abtrennen, wenn „die gleichzeitige Entscheidung über die Folgesache den Scheidungsausspruch so außergewöhnlich verzögern würde, dass der Aufschub auch unter Berücksichtigung der Bedeutung der Folgesache eine unzumutbare Härte darstellen würde" (§ 628 Abs. 1 Ziff. 4 ZPO).

Die ➔ Familiengerichte sind mit der Abtrennung von Folgesachen ausgesprochen zurückhaltend und erfahrungsgemäß erst nach zweijähriger Dauer dazu bereit. Die Zustimmung des Antragsgegners zur Abtrennung genügt nicht.

Adoption

Die Adoption oder Annahme an Kindes statt ist in den Paragrafen 1741 ff. BGB geregelt; zusätzlich gilt das Adoptionsvermittlungsgesetz.
Die Adoption setzt einen Antrag des Annehmenden an das ➔ Vormundschaftsgericht voraus (Adoptionsantrag). Der Antrag muss beurkundet sein und kann nicht unter einer Bedingung oder Fristsetzung gestellt werden; er muss höchstpersönlich abgegeben werden.
Wer nicht verheiratet ist, kann ein Kind nur allein annehmen. Ein Ehepaar kann ein Kind nur gemeinschaftlich annehmen. Ein Ehegatte kann allerdings ein Kind seines Ehegatten alleine annehmen (§ 1741 Abs. 2 BGB).
Ziel ist es, dem Kind den Aufbau einer Eltern-Kind-Beziehung zu ermöglichen, die Adoption durch ein Ehepaar steht also im Vordergrund. Partner einer ➔ nichtehelichen Lebensgemeinschaft können ein Kind nicht gemeinsam adoptieren (§ 1742 BGB).
Das Gesetz unterscheidet zwischen der Annahme Minderjähriger (§ 1741 ff. BGB) und der Annahme Volljähriger (§ 1767 ff. BGB). Während ein angenommenes minderjähriges Kind die volle rechtliche Stellung wie ein leibliches Kind des Annehmenden hat, erstreckt sich die Wirkung der Annahme eines Volljährigen nicht auf die Verwandten des Annehmenden. Der Ehegatte des Annehmenden wird nicht mit dem Angenommenen, dessen Ehegatte nicht mit dem Annehmenden verschwägert (§ 1770 Abs. 1 BGB).
Die Adoption Minderjähriger, auch ausländischer Kinder, soll dem angenommenen Kind eine neue Familie geben, während die Annahme Volljähriger oft erbrechtliche bzw. steuerliche Gründe hat. Wenn z. B. der Firmeninhaber seinem Neffen den Betrieb hinterlassen will, ist die Möglichkeit einer Adoption zu prüfen, damit der Neffe nach Steuerklasse 1 erben kann.

Aids

Der wichtigste Fall der Eheaufhebung ist die Aufhebung wegen ➔ arglistiger Täuschung (§ 1314 Abs. 1 BGB; ➔ Aufhebungsverfahren). Diese Täuschung kann durch positives Tun geschehen oder durch Unterlassen, also Verschweigen. Ein bloßes Verschweigen ungünstiger Umstände ist im Allgemeinen keine arglistige Täuschung. Eine arglistige Täuschung setzt eine Offenbarungspflichtverletzung voraus. Eine solche Offenbarungspflicht ist gegeben bei Beiwohnungsunfähigkeit und unheilbar schwerer übertragbarer Krankheit, z. B. bei Aids.

Alkoholismus

Unterhalt

Gemäß § 1572 BGB kann ein geschiedener Ehegatte von dem anderen ➔ Unterhalt (➔ Nachehelicher Unterhalt) verlangen, falls von ihm wegen Krankheit oder anderer Gebrechen eine ➔ Erwerbstätigkeit nicht erwartet werden kann. Alkoholismus, Tabletten- oder Drogensucht gelten als Krankheiten in diesem Sinne. In diesem Zusammenhang kommt es nicht darauf an, ob die Alkohol-, Tabletten- oder Drogensucht ursprünglich schuldhaft herbeigeführt worden ist.
Bei allen suchtbedingten Krankheiten muss sich der Kranke aber einer ärztlichen Behandlung unterziehen, sonst kommen Unterhaltseinschränkung oder Unterhaltsversagung gemäß § 1579 Nr. 3 oder Nr. 7 BGB in Betracht.

Unzumutbare Härte bei Scheidung

Trunksucht und häufige Alkoholexzesse – auch ohne süchtige Abhängigkeit –, die in der Regel mit weiteren Unzuträglichkeiten für das Eheleben (Beschimpfungen, Tätlichkeiten, Geldmangel) verbunden sind, stellen eine unzumutbare Härte für den anderen Ehegatten dar (➔ Scheidungsvoraussetzungen) und können zur ➔ Ehescheidung vor Ablauf des Trennungsjahres führen.

Versorgungsausgleich

Ein ➔ Versorgungsausgleich findet nicht statt, soweit die Inanspruchnahme des Verpflichteten unter Berücksichtigung der beiderseitigen Verhältnisse grob unbillig wäre. So können Drogensucht und Alkoholismus zum Ausschluss des Versorgungsausgleichs führen (§ 1587c BGB; ➔ Ausschluss des Unterhaltsanspruchs bei grober Unbilligkeit).

Alt-Ehen

➔ Ehescheidung

Amtsermittlungsgrundsatz

In Familiensachen

In allen Verfahren, in denen ausschließlich das ➔ Familiengericht zuständig ist (§ 606 ZPO; ➔ Zuständigkeiten des Familiengerichts), gilt der Amtsermittlungsgrundsatz (§ 616 ZPO; ➔ Untersuchungsgrundsatz). Das bedeutet, dass das Gericht von Amts wegen die notwendigen Ermittlungen anstellt und Beweise erhebt. Dabei steht es im pflichtgemäßen Ermessen des Gerichtes, ob es die erforderlichen Erhebungen formlos als so genannten Freibeweis durchführt oder im Wege des Strengbeweises ermittelt (§ 15 FGG, nämlich entsprechend den Vorschriften der ZPO durch richterlichen Augenschein, durch Zeugen, Sachverständige oder Versicherung an Eides statt). Notwendig ist jedoch, dass den Beteiligten in angemessenem Umfang rechtliches Gehör gewährt wird.

Im ➔ Versorgungsausgleich

Das Gericht hat von Amts wegen die erforderlichen Unterlagen und Auskünfte zur Berechnung der Versorgung bei den Ehegatten und den übrigen Stellen wie Versicherungsträgern, Arbeitgebern, Krankenkassen und Arbeitsämtern einzuholen. Zur Durchführung dieser Aufgaben stehen ihm Zwangsmittel, nämlich Zwangsgeld und Zwangshaft, zur Verfügung.

Amtsgericht

Das Amtsgericht ist das ordentliche Gericht (für Zivil- und Strafsachen; § 23 f. GVG), das im Gerichtsaufbau die Unterstufe bildet. Das Amtsgericht entscheidet grundsätzlich durch den Einzelrichter bzw. durch den Rechtspfleger. Gegen die Urteile des Amtsgerichts ist in der Regel ➔ Berufung und gegen sonstige Entscheidungen ➔ Beschwerde an das übergeordnete ➔ Landgericht zulässig (➔ Rechtsmittel). Das gilt auch für Entscheidungen des Amtsgerichts als ➔ Vormundschaftsgericht. Das Amtsgericht ist gleichzeitig ➔ Familiengericht (§ 23b GVG). Das Familiengericht ist zuständig für alle ➔ Familiensachen (§ 23b Abs. 1 Nr. 1 bis 14 GVG). Insoweit gilt ein besonderer ➔ Rechtszug (Rechtszug in Familiensachen). Berufungen und Beschwerden in Familiensachen gehen an das ➔ Oberlandesgericht.

Amtspflegschaft

Bisher war das elterliche Sorgerecht einer nichtehelichen ➔ Mutter (➔ „Nichteheliches“ Kind) von der Geburt des Kindes an durch die so genannte Amtspflegschaft des ➔ Jugendamtes eingeschränkt. Das Jugendamt als Aufsichtsorgan und Amtspfleger hatte die Aufgabe bei der Vaterschaftsfeststellung (➔ Vaterschaftsfeststellungsklage), der Durchsetzung des ➔ Kindesunterhalts (➔ Unterhalt) und der Klärung erbrechtlicher und namensrechtlicher Fragen (➔ Namensrecht) mitzuwirken.
Mit dem Kindschaftsrechtsreformgesetz (➔ Familienrecht) ist die gesetzliche Amtspflegschaft zum 1. Juli 1998 abgeschafft und durch die ➔ Beistandschaft des Jugendamtes ersetzt worden (§ 1712 ff. BGB).

Anerkennung

Ausländische Ehescheidungen

Zur Anerkennung ausländischer Ehescheidungen siehe ➔ hinkende Ehe.

Im Ausland erstrittene Unterhaltstitel

Meist steht dem Gläubiger mit dem Anerkennungs- und Vollstreckungsausführungsgesetz (AVAG) vom 30. Mai 1988 ein vereinfachtes Verfahren für die Vollstreckbarkeitserklärung von ausländischen Entscheidungen, Prozessvergleichen und öffentlichen Urkunden aus einem anderen Staat zur Verfügung. Ausschließlich zuständig hierfür ist das ➔ Landgericht, in dessen Bezirk der Schuldner seinen Wohnsitz hat oder die Zwangsvollstreckung durchgeführt werden soll. Der Antrag auf Erteilung der Vollstreckungsklausel kann beim Landgericht schriftlich eingereicht oder mündlich zu Protokoll der Geschäftsstelle erklärt werden. Wenn auf diesem Wege keine Vollstreckungsklausel zu erlangen ist, muss ein Vollstreckungsurteil gemäß § 723 ZPO erwirkt werden.

Anfangsvermögen

Das Anfangsvermögen ist das Vermögen des Ehegatten bei Eintritt in den Güterstand (➔ Güterstände) der ➔ Zugewinngemeinschaft (§ 1374 Abs. 1 BGB). Es ist kein Sondervermögen, sondern nur ein Rechnungsposten (§ 1373 BGB). Der Stichtag für die Bewertung des Anfangsvermögens ist der Tag der ➔ Eheschließung, falls die Zugewinngemeinschaft später vereinbart wird, der spätere Zeitpunkt. Das Vermögen umfasst alle Positionen mit wirtschaftlichem Wert, also alle Aktiva und Passiva. Die Verbindlichkeiten können nur bis zur Höhe des Aktivvermögens abgezogen werden, sodass das Anfangsvermögen nie negativ sein kann. Vermögen, das ein Ehegatte nach Eintritt des Güterstandes von Todes wegen oder mit Rücksicht auf ein künftiges Erbrecht durch Schenkung oder als Ausstattung erwirbt, wird nach Abzug der Verbindlichkeiten dem Anfangsvermögen hinzugerechnet (so genanntes *privilegiertes Vermögen;* § 1374 Abs. 2 BGB). Wenn ein Ehegatte beispielsweise ein Anfangsvermögen von 50 000 DM hat und während der Ehezeit von seinem Vater 100 000 DM erbt oder geschenkt bekommt, dann wird das Anfangsvermögen mit 150 000 DM bewertet. Das hat die praktische Auswirkung, dass dieser Ehegatte diese 150 000 DM bei dem ➔ Zugewinnausgleich nicht zu teilen braucht.
Nach der Rechtsprechung wird die Vorschrift von § 1374 Abs. 2 über den privilegierten Erwerb nicht angewendet bei Lottogewinn, Schmerzensgeld, ➔ Abfindung einer Witwenrente oder einer Schadensersatz- und Schmerzensgeldrente. Das

bedeutet, dass diese Vermögenswerte im Rahmen des Zugewinnausgleichs zu teilen sind.
Ein Ehegatte, der sich bei der Zugewinnausgleichung auf sein Anfangsvermögen beruft, muss dessen Höhe beweisen. Im obigen Beispiel müsste der Ehegatte also beweisen, dass er 50 000 DM in die Ehe mitgebracht und 100 000 DM von seinem Vater geerbt hat. Zur Beweiserleichterung dient das *Verzeichnis des Anfangsvermögens.*
Bei länger dauernden Ehen ergibt sich ein Bewertungsproblem wegen der allgemeinen Preissteigerung. Diese stellt keinen echten Wertzuwachs dar und ist deshalb nicht auszugleichen.
Der ➔ Bundesgerichtshof rechnet das Anfangsvermögen über den Lebenshaltungskostenindex auf den Endstichtag nach folgender Formel hoch: Anfangsvermögen x Lebenshaltungskostenindex zum Endstichtag : Index zum Anfangsstichtag = bereinigtes Anfangsvermögen.

Anlage U

➔ Realsplitting

Annahme an Kindes statt

➔ Adoption

Anpassung von Unterhaltsrenten

Durch das Kinderunterhaltsgesetz ist mit Wirkung ab dem 1. Juli 1998 (➔ Familienrecht) das bis dahin unterschiedliche Unterhaltsrecht für eheliche und ➔ „nichteheliche" Kinder vereinheitlicht worden (➔ Kindesunterhalt).
Gemäß § 1612a BGB kann jetzt jedes minderjährige Kind von dem Elternteil, mit dem es nicht in einem Haushalt lebt, den ➔ Unterhalt als Vomhundertsatz des jeweiligen Regelbetrages (➔ Regelsätze) nach der Regelbetragsverordnung verlangen. Dieses ➔ vereinfachte Verfahren galt früher nur für die nichtehelichen Kinder. Inzwischen ist diese Regelung jedoch auch auf die ehelichen Kinder ausgedehnt worden.

Anwaltskosten

Die Gebühren eines ➔ Rechtsanwaltes richten sich nach der ➔ Rechtsanwaltsgebührenordnung (BRAGO). Wenn der Mandant mit seinem Rechtsanwalt keine abweichende Gebührenvereinbarung getroffen hat, muss sich der Rechtsanwalt in einem Prozess strikt an die Rechtsanwaltsgebührenordnung halten, bei außergerichtlichen Sachen hat er einen gewissen Spielraum.
Die Höhe der Anwaltsgebühren bestimmt sich nicht nach dem Arbeits- und Zeitauf-

wand des Rechtsanwaltes, sondern allein nach dem jeweiligen ➔ Streitwert (auch Gegenstandswert genannt).
Es ist einem Rechtsanwalt streng untersagt ein Erfolgshonorar zu vereinbaren oder zu verlangen. Zulässig sind jedoch Gebührenvereinbarungen, nach denen der Rechtsanwalt einen bestimmten festen Betrag für die Durchführung des Scheidungsverfahrens mit allen Folgesachen erhält. Derartige Vereinbarungen sind aber der Ausnahmefall.
Die in der Gebührentabelle niedergelegten Kostenbeträge fallen im Laufe eines Prozesses wie folgt an:

1. Prozessgebühr (§ 31 Abs. 1 Ziff. 1 BRAGO)

Wenn ein Ehegatte durch seinen Prozessbevollmächtigten den Scheidungsantrag bei Gericht einreicht oder der Prozessbevollmächtigte des anderen Ehegatten am Scheidungsverfahren mitwirkt, fällt für die Dauer des ganzen Verfahrens für jede Partei eine volle Prozessgebühr an.

2. Verhandlungsgebühr (§ 31 Abs. 1 Ziff. 2 BRAGO)

In ➔ Ehesachen fällt – ausnahmsweise auch bei nicht streitiger Verhandlung – mit der ersten mündlichen Verhandlung die Verhandlungsgebühr an; auch bei mehrfachen Verhandlungen bleibt es bei einer Verhandlungsgebühr.
Wenn der Gegner in anderen Familiensachen die Forderung des Klägers anerkennt oder ein Versäumnisurteil gegen sich ergehen lässt, fällt nur eine halbe Gebühr an (§ 33 Abs. 1 Ziff. 2 BRAGO).

3. Beweisgebühr (§ 31 Abs. 1 Ziff. 3 BRAGO)

In Ehesachen entsteht die anwaltschaftliche Beweisgebühr bereits mit der Anhörung der Parteien beim Gerichtstermin.

4. Vergleichsgebühr (§ 23 BRAGO)

In der eigentlichen Scheidungssache kann kein Vergleich geschlossen werden, da die Ehe nur durch Urteil geschieden werden kann. Für ➔ Folgesachen wie ➔ Unterhalt, ➔ Zugewinnausgleich usw. sind jedoch Vergleiche häufig und insoweit kann eine volle Vergleichsgebühr anfallen. Bei außergerichtlichen Vergleichen werden 1½ Gebühren berechnet.

5. Aussöhnungsgebühr (§ 36 Abs. 2 BRAGO)

Für die Bemühungen des Rechtsanwaltes zur Aussöhnung der Eheleute erhält der Anwalt eine so genannte Aussöhnungsgebühr. Diese Gebühr fällt selten an; meist nehmen die Ehegatten den Scheidungsantrag zurück oder erklären ihn übereinstimmend für erledigt.

6. Verkehrsgebühr (§ 52 BRAGO)

Im Scheidungsprozess ist es normalerweise für die auswärtige Partei geboten, an ihrem Wohnsitz die Hilfe eines Anwaltes in Anspruch zu nehmen und ihn mit der Informationsbeschaffung und der notwendigen sachgemäßen Vorbereitung des Rechtsstreits zu beauftragen. Insoweit fällt eine weitere volle Gebühr für diesen so genannten Verkehrsanwalt an. Häufig wird jedoch der ortsansässige Anwalt gebeten, mit dem bei Gericht zugelassenen auswärtigen Anwalt intern Gebührenteilung zu vereinbaren, ohne dass eine zusätzliche Verkehrsgebühr berechnet wird.

7. Nebenkosten und Mehrwertsteuer (§ 25 bis 29 BRAGO)

Der Rechtsanwalt kann für seine Auslagen (Porto, Telefon) nach seiner Wahl die tatsächlich entstandenen Kosten oder einen Pauschsatz von 15% der gesetzlichen Gebühren, höchstens jedoch 40 DM verlangen; außerdem kann er für zusätzliche Schreibauslagen pro Seite/Fotokopie 1 DM fordern, ferner – falls ausnahmsweise erforderlich – Fahrtkosten und Spesen und auf seine Gesamtkostenforderung die jeweils gültige gesetzliche Mehrwertsteuer.

8. Berufung (§ 11 Abs. 1 Satz 2 BRAGO)

Wenn gegen eine Familiensache → Berufung eingelegt wird, geht die Sache ans → Oberlandesgericht. Dort müssen die Parteien andere, nämlich beim Oberlandesgericht zugelassene Anwälte bestellen, für die sinngemäß die gleichen Gebühren anfallen wie in der ersten Instanz, jedoch in Höhe von $^{13}/_{10}$ der jeweiligen Gebühr. Ein Beispiel für eine anwaltschaftliche Gebührenabrechnung bei einer einfachen Ehescheidung ist unter dem Stichwort → Rechtsanwaltskostennote abgedruckt. Die genannten Gebühren kann der Rechtsanwalt von seinem Auftraggeber verlangen, und zwar unabhängig vom Ausgang des Prozesses.

In Ehesachen werden grundsätzlich im Rahmen des Scheidungsverfahrens die Kosten gegeneinander aufgehoben. Das bedeutet, dass jede Partei ihren Anwalt selbst bezahlen muss und die Gerichtskosten geteilt werden.

In anderen familienrechtlichen Verfahren, z. B. Unterhaltsverfahren, werden die Kosten im Urteil im Verhältnis des Obsiegens zum Unterliegen verteilt. Wer z. B. in einem Unterhaltsprozess in vollem Umfang unterliegt, muss nicht nur seine eigenen Anwaltskosten, sondern auch die Anwaltskosten des Gegners und die Gerichtskosten bezahlen.

Soweit einem Mandanten → Prozesskostenhilfe gewährt ist, braucht dieser an seinen Anwalt keine Gebühren zu zahlen, denn der Anwalt rechnet mit der Staatskasse (Gerichtskasse) ab. Prozesskostenhilfe bezieht sich aber niemals auf die Kosten des Gegenanwaltes.
Wenn der Rechtsanwalt in der Ehe- oder Familiensache nicht bei Gericht, sondern nur beratend tätig wird, entsteht eine Beratungsgebühr (→ Beratung, → Beratungshilfe).

Anwaltszwang

Anwaltszwang bedeutet, dass sich eine Partei vor Gericht durch einen bei dem Gericht zugelassenen → Rechtsanwalt vertreten lassen muss (§ 78 Abs. 2 ZPO). So muss in → Ehescheidungs- und Ehescheidungsfolgesachen (→ Scheidungsfolgen) für den Antragsteller/Kläger ein Rechtsanwalt auftreten, weil nur dieser Anträge vor Gericht stellen kann. Dagegen braucht der Antragsgegner/Beklagte anwaltschaftlich nicht vertreten zu sein, wenn er dem Antrag bzw. der Klage nur zustimmen will. In den alten Bundesländern sind bei den → Familiengerichten auch Anwälte zugelassen, die beim übergeordneten → Landgericht zugelassen sind. In den neuen Bundesländern ist jeder Anwalt zugelassen, der bei einem → Amts- oder Landgericht eines Bundeslandes zugelassen ist. Diese Regelung gilt längstens bis zum Jahr 2000.
Bei einem Unterhaltsverfahren (→ Unterhalt) gilt kein Anwaltszwang, soweit es nicht als → Folgesache einer Ehescheidung im Verbund (→ Verbundverfahren) geltend gemacht wird.
Bei der Ehescheidung muss der Antragsteller sich wie bereits gesagt durch einen Anwalt vertreten lassen, der im Bezirk des anzurufenden Familiengerichts zugelassen ist. Nimmt er sich hingegen einen „auswärtigen“ Rechtsanwalt, entstehen in der Regel zusätzliche Kosten, nämlich eine so genannte Korrespondenzgebühr.
Bei der → einverständlichen Scheidung braucht der andere Ehegatte nur zuzustimmen und kann sich deshalb die Bestellung eines eigenen Anwalts ersparen. Es ist jedoch üblich, dass sich die Ehegatten die Kosten des einen Anwalts teilen.

Arbeitskleidung

→ Berufsbedingte Aufwendungen

Arglistige Täuschung

Der wichtigste Fall für die Aufhebung einer → Ehe ist die arglistige Täuschung (§ 1314 Abs. 1 Nr. 3 BGB). Arglistige Täuschung ist das Hervorrufen oder Aufrechterhalten eines Irrtums, in der Absicht den Getäuschten zur Eingehung der Ehe zu veranlassen. Die Täuschung kann durch positives Tun oder Unterlassen begangen werden; Täuschender kann auch ein Dritter sein (§ 1314 Abs. 2 Nr. 3 BGB).

Täuschung durch positives Tun

Die Braut behauptet wider besseres Wissen, schwanger geworden zu sein oder – falls sie tatsächlich schwanger ist – von dem Verlobten schwanger geworden zu sein oder – falls sie bereits geboren hat –, dass der Verlobte der Vater des Kindes sei.

Täuschung durch Unterlassen

Bei bloßem Verschweigen ungünstiger Umstände liegt noch keine arglistige Täuschung vor. Es muss eine Offenbarungspflicht hinzukommen. Diese kann sich aufgrund einer ausdrücklichen Frage des/der Verlobten oder aus den Umständen ergeben. Eine Offenbarungspflicht besteht bei Beiwohnungsunfähigkeit und unheilbar schweren übertragbaren Krankheiten (z. B. ➔ Aids). Eine Offenbarungspflicht über das voreheliche Geschlechtsleben oder wegen überstandener Krankheiten (Nervenzusammenbruch) gibt es nicht.

Eine arglistige Täuschung berechtigt nur dann zur Aufhebung der Ehe, wenn die Täuschung bei verständiger Würdigung des Wesens der Ehe das Zustandekommen einer wahren Ehegemeinschaft verhindert. Antragsberechtigt ist nur der getäuschte Ehegatte. Der Antrag ist fristgebunden (Jahresfrist nach Entdeckung der Täuschung). Die Aufhebung ist ausgeschlossen, wenn der Ehegatte nach Entdeckung der Täuschung zu erkennen gegeben hat, dass er die Ehe fortsetzen will (Bestätigung; ➔ Aufhebungsverfahren).

Aufhebungsverfahren

Die Aufhebung einer ➔ Ehe erfolgt in einem besonderen gerichtlichen Aufhebungsverfahren (§ 1313 ff. BGB). Eine Ehe kann nur durch gerichtliches Urteil aufgehoben werden. Aufhebungsgründe sind fehlende ➔ Ehefähigkeit, der Verstoß gegen ein ➔ Eheverbot oder zwingende Formvorschriften (➔ Formmangel bei Eheschließung), ➔ Bewusslosigkeit oder vorübergehende Störung der Geistestätigkeit, ➔ Irrtum über die ➔ Eheschließung, ➔ arglistige Täuschung und ➔ Drohung sowie fehlender Ehewille. Aufhebbar ist die Ehe auch aus Gründen, die früher die Nichtigkeit zur Folge hatten, wie Formverstöße, mangelnde Geschäfts- und Urteilsfähigkeit, Verstoß gegen Eheverbote (➔ Ehenichtigkeit).

Die Ehe zwischen Verschwägerten (➔ Schwägerschaft) ist nicht mehr verboten, stellt also keinen Aufhebungsgrund mehr dar. Auch ein Erklärungsirrtum (Irrtum über den Inhalt einer Willenserklärung) oder ein Irrtum über die Person oder persönliche Eigenschaften des anderen Ehegatten bleibt folgenlos; desgleichen die fehlende Einwilligung des gesetzlichen Vertreters. Dafür ist ein Auf-

hebungsgrund neu hinzu gekommen, nämlich die Eingehung der Ehe nur zum Schein (§ 1314 Abs. 1 Nr. 5 BGB; ➔ Scheinehe). Eine Aufhebung der Ehe ist ausgeschlossen, wenn ein Ehegatte zu erkennen gegeben hat, dass er die Ehe trotz des anfänglichen Mangels fortsetzen will (§ 1315 BGB).
Wer antragsberechtigt ist, hängt von dem geltend gemachten Aufhebungsgrund ab. In der Regel kann der Antrag von jedem Ehegatten sowie von der zuständigen Verwaltungsbehörde gestellt werden (§ 1316 BGB). Die Antragsfrist beträgt ein Jahr (§ 1317 BGB). Die Folgen der Aufhebung entsprechen grundsätzlich den ➔ Scheidungsfolgen (§ 1318 BGB).
➔ Zugewinnausgleich

Aufrechnung gegen Unterhaltsansprüche

Unterhaltsansprüche (➔ Unterhalt) sind grundsätzlich nicht pfändbar (§ 850b Abs. 1 Nr. 2 ZPO). Deshalb kann gegen sie nicht aufgerechnet werden (§ 394 BGB). Eine Ausnahme ist gegeben, wenn die Forderung, mit der aufgerechnet werden soll, aus einer vorsätzlich unerlaubten Handlung (§ 825 ff. BGB) herrührt. Dieser Ausnahmetatbestand ist eng auszulegen, weil der so genannte notwendige Mindestbedarf gewahrt werden muss.

BEISPIEL

Ein geschiedener Ehemann muss an seine getrennt lebende Ehefrau Unterhalt zahlen. Diese hat ihm vorsätzlich den gesamten Hausrat zertrümmert. In diesem Fall kommt gegebenenfalls eine ➔ Abänderungsklage in Betracht oder der ➔ Ausschluss des Unterhaltsanspruchs bei grober Unbilligkeit.

Aufstockungsunterhalt

➔ Nachehelicher Unterhalt, ➔ Unterhalt, ➔ Unterhaltspflicht

Ausbildungsvergütung

Die Ausbildungsvergütung eines in der Berufsausbildung stehenden Kindes, das im Haushalt der Eltern oder eines Elternteils wohnt, ist vor ihrer Anrechnung in der Regel um einen ausbildungsbedingten Mehrbetrag von monatlich 150 DM zu kürzen (➔ Düsseldorfer Tabelle; siehe auch Seite 146 A Ziff. 8), d. h., diese 150 DM werden nicht als Einkommen angerechnet.

Ausgleichsforderung

➔ Zugewinnausgleich

Auskunftsansprüche

Auskunft der Eltern wegen der persönlichen Verhältnisse des Kindes

Jeder Elternteil kann vom anderen Elternteil bei berechtigtem Interesse Auskunft über die persönlichen Verhältnisse des Kindes verlangen, soweit dies dem Wohl des Kindes nicht widerspricht. Über Streitigkeiten entscheidet das ➔ Familiengericht (§ 1686 BGB).

Auskunftspflicht wegen ➔ Verwandtenunterhalts

Nach § 1605 Abs. 1 BGB sind Verwandte in gerader Linie verpflichtet, auf Verlangen über ihre Einkünfte (➔ Einkommen) und ihr Vermögen Auskunft zu erteilen, soweit dies zur Feststellung eines Unterhaltsanspruchs oder einer Unterhaltsverpflichtung (➔ Unterhaltspflicht) erforderlich ist (➔ Unterhalt). Über die Höhe der Einkünfte sind auf Verlangen Belege, insbesondere Bescheinigungen des Arbeitgebers, vorzulegen.

Vor Ablauf von zwei Jahren kann Auskunft erneut nur verlangt werden, wenn glaubhaft gemacht wird, dass der zur Auskunft Verpflichtete später wesentlich höhere Einkünfte oder weiteres Vermögen erworben hat (§ 1605 Abs. 2 BGB).

Der Auskunftsanspruch ist ein Hilfsanspruch, um den Barunterhaltsanspruch beziffern zu können. Er besteht deshalb nur, wenn die Voraussetzungen eines Barunterhaltsanspruchs grundsätzlich vorliegen. Der Auskunftsanspruch ist unbegründet, wenn feststeht, dass die begehrte Auskunft den Unterhaltsanspruch unter keinem Gesichtspunkt beeinflussen kann. Als Nebenanspruch kann die Vorlage von Belegen verlangt werden, insbesondere Lohnbescheinigungen, Arbeits- oder Dienstverträge, Bilanzen mit Gewinn-und-Verlust-Rechnungen, Einkommensteuererklärungen, Steuerbescheide und Gesellschaftsverträge. Das Geheimhaltungsinteresse ist grundsätzlich nachrangig; Angaben, die für den Unterhaltsanspruch unbedeutend sind, können geschwärzt werden.

Der Auskunftsanspruch kann im Wege der Klage vor dem Familiengericht geltend gemacht werden, und zwar üblicherweise in Form der Stufenklage (§ 254 ZPO), nämlich als Klage auf Auskunft und – nach Erteilung der Auskunft – als Klage auf Zahlung eines noch zu beziffernden Unterhaltsbetrages. Die Vollstreckung eines gerichtlich festgesetzten Auskunftsanspruchs erfolgt nach § 888 ZPO; sie ist in der Praxis äußerst problematisch.

Wegen der Schwierigkeit, einen Auskunftsanspruch im Vollstreckungswege durchzusetzen, empfiehlt es sich für den Unterhaltskläger in den meisten Fällen, ohne vorheriges Auskunftsverlangen direkt einen relativ hohen Unterhaltsanspruch geltend zu machen. Der Unterhaltsbeklagte wird dann versuchen nachzuweisen, dass seine

Leistungsfähigkeit niedriger liegt, und aus eigenem Interesse seine Unterlagen vorlegen.

Auskunftspflicht nach Treu und Glauben (§ 242 BGB)

Das deutsche Recht kennt keine allgemeine Auskunftspflicht. Nach Treu und Glauben besteht jedoch dann ein Auskunftsanspruch, wenn zwischen den Beteiligten besondere rechtliche Beziehungen bestehen, die es mit sich bringen die Einkommens- und Vermögensverhältnisse offen zu legen, z. B. bei ➔ Getrenntleben, ➔ Ehescheidung, Studiumsfortschritt oder bei gleichrangiger ➔ Unterhaltspflicht beider Eltern gegenüber gemeinsamen Kindern usw.

Für diese Auskunftspflichten gelten die gleichen Grundsätze wie oben zu § 1605 BGB ausgeführt.

Eine Unterhaltspartei kann auch ohne ausdrückliche Aufforderung aus dem Grundsatz von Treu und Glauben (§ 242 BGB) zur Auskunft – zur so genannten unverlangten Auskunft – verpflichtet sein, wenn für den Gegner ein offenkundiges Interesse an der Mitteilung von unterhaltsbedeutsamen Umständen besteht und wenn das Schweigen unredlich erscheint, z. B. wenn der Unterhaltsberechtigte eine Ausbildung endgültig abgebrochen und eine Arbeit angenommen hat oder wenn die Voraussetzungen für die Abänderung eines Unterhaltsbetrages offensichtlich vorliegen. Die Verletzung dieser Auskunftspflicht kann Schadensersatzansprüche auslösen.

Auskunftsansprüche wegen des Versorgungsausgleichs

Zur Durchführung des ➔ Versorgungsausgleichs muss zunächst geklärt werden, über welche Versorgungsanrechte die beiden Ehegatten verfügen.

Jeder Ehegatte hat gegen den anderen für die Zwecke des Versorgungsausgleichs einen Auskunftsanspruch. Inhaltlich richtet sich dieser auf alle Tatsachen, die für die Durchführung des Versorgungsausgleichs erforderlich sind, insbesondere die Art und Dauer von Beschäftigungsverhältnissen, Arbeitgeber, Versorgungsträger, Beitragszeiten und -höhe, betriebliche Altersversorgung, Lebensversicherungsverträge usw. Das Ausfüllen der amtlichen Fragebögen genügt im Allgemeinen zur Erfüllung dieser Auskunftspflicht.

Der Anspruch auf Auskunft kann als Nebenverfahren zum Versorgungsausgleich im so genannten FGG-Verfahren (Gesetz über die freiwillige Gerichtsbarkeit) geltend gemacht werden. Die Entscheidung ergeht nach freigestellter mündlicher Verhandlung durch Beschluss. Die Vollstreckung erfolgt nach § 888 ZPO, also durch Zwangsgeld und gegebenenfalls durch Zwangshaft.

Auch das Gericht kann die Beteiligten durch die Androhung und Festsetzung von

Zwangsgeld zur Erteilung der notwendigen Auskünfte anhalten (§ 33 FGG).

Schließlich bestehen Auskunftsansprüche wegen des ➔ Zugewinns.

Ausschluss des Unterhaltsanspruchs bei grober Unbilligkeit

Nach der so genannten *negativen Härteklausel* ist ein Unterhaltsanspruch (➔ Ehegattenunterhalt, ➔ Nachehelicher Unterhalt, ➔ Trennungsunterhalt, ➔ Unterhalt) zu versagen, herabzusetzen oder zeitlich zu begrenzen, soweit die Inanspruchnahme des Verpflichteten (➔ Unterhaltspflicht) – auch unter Wahrung der Belange des Unterhaltsberechtigten, der gemeinsame minderjährige Kinder betreut – grob unbillig wäre. Dies ist der Fall, wenn

❶ die Ehe von kurzer Dauer war (§ 1579 Nr. 1 BGB). Die Ehedauer wird berechnet von ➔ Eheschließung bis ➔ Rechtshängigkeit des Scheidungsantrages. Der Ehedauer steht die Zeit gleich, in der der Berechtigte gemeinschaftliche Kinder betreut. Als kurz gilt in der Regel eine Ehedauer von bis zu zwei Jahren, ab drei Jahren wird sie verneint.

❷ der Berechtigte sich eines Verbrechens oder schweren vorsätzlichen Vergehens gegen den Verpflichteten oder einen nahen Angehörigen des Verpflichteten schuldig gemacht hat (§ 1579 Nr. 2 BGB). Grenzfälle sind das Verschweigen einer eigenen ➔ Erwerbstätigkeit oder Leugnen der Verbindung zum neuen Partner, Beleidigung und andere Vergehen ohne wirtschaftlichen Auswirkungen.

❸ der Berechtigte seine Bedürftigkeit mutwillig herbeiführt (§ 1579 Nr. 3 BGB). Mutwilligkeit liegt bei Vorsatz nicht vor, dagegen bei Leichtfertigkeit. Es kann sich um Grenzfälle zur Krankheit handeln (➔ Alkoholismus und Drogensucht). Ein Beispiel für das mutwillige Herbeiführen der Bedürftigkeit ist der selbstverschuldete Arbeitsplatzverlust durch freiwillige Aufgabe eines sicheren Arbeitsplatzes (➔ Fiktives Einkommen).

❹ der Berechtigte sich über schwerwiegende Vermögensinteressen des Verpflichteten mutwillig hinweggesetzt hat (§ 1579 Nr. 4 BGB), z. B. durch Anschwärzen beim Arbeitgeber, Strafanzeigen beim Finanzamt oder Verschweigen von Einkünften.

❺ der Berechtigte vor der Trennung längere Zeit hindurch seine Pflicht, zum Familienunterhalt beizutragen, gröblich verletzt hat (§ 1579 Nr. 5 BGB). Da Unterhaltspflichtverletzungen schon unter Nr. 2 fallen, hat die Vorschrift in der Praxis keine Bedeutung.

❻ dem Berechtigten ein offensichtlich schwerwiegendes, eindeutig bei ihm liegendes Fehlverhalten gegen den Verpflichteten zur Last fällt (§ 1579 Nr. 6 BGB). Hier ist insbesondere die Aufgabe der ehelichen Lebensgemeinschaft („Ausbruch“) als einseitiges Fehlverhalten und die Aufnahme einer neuen Partnerschaft gegen den Willen des verbleibenden Ehegatten gemeint, außerdem die Nichtheirat der neuen Partner mit dem Ziel, den Wegfall des Unterhaltsanspruchs bei ➔ Wiederheirat zu vermeiden. Infrage kommen auch eventuell die planmäßige Vereitelung des ➔ Umgangsrechts und das Unterschieben eines Kindes, das nicht vom Unterhaltspflichtigen abstammt.

❼ ein anderer Grund vorliegt, der ebenso schwer wiegt wie die in den Nummern ❶ bis ❻ aufgeführten Gründe (§ 1579 Nr. 7 BGB). Insbesondere liegt eine objektive Unzumutbarkeit vor, wenn der Unterhaltsberechtigte in eheähnlicher Gemeinschaft mit einem anderen Partner lebt und diese sich auf eine Zeitdauer von zwei bis drei Jahren verfestigt hat (➔ Nichteheliche Lebensgemeinschaft).

Die vorstehende negative Härteklausel gilt für den ➔ nachehelichen Unterhalt, ist aber sinngemäß auch für den ➔ Trennungsunterhalt anzuwenden.

Zur Frage des ➔ Verwandtenunterhalts siehe ➔ Beschränkung und Wegfall der Unterhaltsverpflichtung.

Ausschluss des Versorgungsausgleichs

Durch Ehevertrag

In einem Ehevertrag können die Ehegatten durch eine ausdrückliche Vereinbarung den ➔ Versorgungsausgleich ausschließen (§ 1408 Abs. 2 BGB). Der Ausschluss ist unwirksam, wenn innerhalb eines Jahres nach Vertragsschluss ein Antrag auf Scheidung der Ehe gestellt wird (§ 1408 Abs. 2 BGB; ➔ Ehescheidung).

Während des Scheidungsverfahrens

Aus Gründen der Gerechtigkeit kann der Versorgungsausgleich ganz oder teilweise ausgeschlossen werden, wenn die Inanspruchnahme des Verpflichteten unter Berücksichtigung der beiderseitigen Verhältnisse unbillig wäre (§ 1587c BGB). Dazu gehören persönliche und wirtschaftliche Gründe. Beispielsweise hat sich der Ausgleichsberechtigte in der Ehe grundlos geweigert, einer sozialversicherungspflichtigen ➔ Erwerbstätigkeit nachzugehen oder durch Alkohol- oder Medikamentenmissbrauch eine solche Tätigkeit versäumt. Auch Unterhaltspflichtverletzungen (➔ Unterhaltspflicht) können die Herabsetzung oder den Ausschluss des Versorgungsausgleichs rechtfertigen. Das gilt auch für den ➔ schuldrechtlichen Versorgungsausgleich (§ 1587h BGB).

Der Ausschluss des Versorgungsausgleichs durch Ehevertrag, der im Zusammenhang mit der Eheschließung vereinbart werden kann, ist in der Praxis relativ selten. Wegen der oft schwierigen Durchführung des Versorgungsausgleichs im Scheidungsverfahren, der der Genehmigung des Gerichtes bedarf, vereinbaren scheidungswillige Ehegatten manchmal durch notariellen Vertrag den Ausschluss des Versorgungsausgleichs, warten ein Jahr ab und reichen erst dann die Scheidung ein.

Außergewöhnliche Belastung

Unterhaltsleistungen an den geschiedenen oder dauernd getrennt lebenden Ehegatten (➔ Ehegattenunterhalt, ➔ Unterhalt, ➔ Trennungsunterhalt, ➔ Nachehelicher Unterhalt) können entweder als Sonderausgaben (§ 10 Abs. 1 Nr. 1 EStG), als ➔ Realsplitting oder als außergewöhnliche Belastung (§ 33a EStG) steuerlich berücksichtigt werden.

Wird kein Antrag auf Realsplitting gestellt, können die für den Lebensunterhalt notwendigen Unterhaltsleistungen an den Ehegatten beim Unterhaltsverpflichteten durch eine Steuerermäßigung wegen außergewöhnlicher Belastung berücksichtigt werden. Die Einkommensteuer bzw. Lohnsteuer wird dadurch ermäßigt, dass die Unterhaltsleistungen bis zu einem bestimmten Höchstbetrag im Kalenderjahr vom Gesamtbetrag der Einkünfte abgezogen werden, das zu versteuernde ➔ Einkommen also geringer ist. Dies kommt nur in Betracht, wenn die Ehegatten bereits zu Beginn des Kalenderjahres geschieden waren oder während des ganzen Kalenderjahres dauernd getrennt gelebt haben (➔ Getrenntleben der Ehegatten).

B

Bankkonten der Ehegatten/Partner

Ehegatten oder auch andere Personen, die nicht miteinander verheiratet sind, können bei der Bank oder Sparkasse folgende Konten führen:

Oderkonto

Das Oderkonto hat die größte Verbreitung. Es hat den Vorteil der einfachen Handhabung, weil beide Ehegatten jeweils für sich allein unbeschränkte Befugnis haben. Darin liegt aber auch gleichzeitig seine Gefahr.

Undkonto

Das Undkonto erfordert eine gemeinsame Verfügung beider Ehegatten. Wegen der damit verbundenen Umständlichkeit ist es bei Eheleuten nicht üblich.

Einzelkonto mit Vollmacht

Beim Einzelkonto ist es möglich, dem Ehegatten Kontovollmacht zu erteilen. Die Vollmacht gilt bis zum Widerruf, eventuell auch über den Tod hinaus.
Im Fall der Trennung der Eheleute oder Auflösung einer → nichtehelichen Lebensgemeinschaft müssen schnellstmöglich bei der Bank oder Sparkasse Gemeinschaftskonten gekündigt und Vollmachten widerrufen werden.

Bedarfskontrollbetrag

Der Bedarfskontrollbetrag (→ Düsseldorfer Tabelle) ist nicht identisch mit dem → Eigenbedarf. Es soll eine ausgewogene Verteilung des → Unterhalts zwischen dem Unterhaltspflichtigen (→ Unterhaltspflicht) und den Kindern gewährleisten. Er ist von Bedeutung, wenn neben dem → Kindesunterhalt → Ehegattenunterhalt geschuldet wird. Ehegatten- und Kindesunterhalt sind gleichrangig (→ Rangverhältnis der Unterhaltsberechtigten, → Unterhaltsleistungen für Kinder/Ehegatten). Es ist daher nicht richtig, den Ehegattenunterhalt stets unter Vorwegabzug des Kindesunterhaltes zu berechnen. Dies ist jedenfalls dann bedenklich, wenn der getrennt lebende Ehegatte infolge des Vorwegabzuges des Kindesunterhaltes weniger als das Existenzminimum erhält.
Da der Unterhaltspflichtige meist lieber für die Kinder als für den getrennt lebenden Ehegatten Unterhalt zahlt, wird im Prozess dem Kindesunterhalt häufig Vorrang eingeräumt. Ist das nicht der Fall,

muss der Richter auf ein angemessenes Verhältnis zwischen Ehegatten- und Kindesunterhalt achten.
➔ Mangelfälle

Bedürftigkeit

Bedürftigkeit bei Kindern

Nach § 1602 BGB sind Kinder nur unterhaltsberechtigt (➔ Unterhalt, ➔ Kindesunterhalt), wenn sie außerstande sind, sich selbst zu unterhalten, d. h., wenn sie bedürftig sind. Das ist in der Regel der Fall, solange sie minderjährig sind und kein eigenes ➔ Einkommen haben. Bedürftig sind volljährige Kinder, wenn sie sich in einer Berufsausbildung befinden (§ 1610 Abs. 2 BGB).
Das Kind kann nach Eintritt der Volljährigkeit erneut bedürftig werden, z. B. durch Arbeitslosigkeit, Krankheit oder nichteheliche Entbindung; jedoch werden an die ➔ Erwerbsobliegenheit des volljährigen Kindes strenge Anforderungen gestellt.

Bedürftigkeit des Ehegatten nach Trennung und bei Scheidung

Voraussetzung für den Unterhalt ist die Bedürftigkeit eines Ehegatten (➔ Ehegattenunterhalt). Dies ist zwar beim ➔ Trennungsunterhalt im Gesetz nicht ausdrücklich erwähnt, aber nach der Rechtsprechung – wie beim ➔ nachehelichen Unterhalt (§ 1577 BGB) – eine selbstverständliche Unterhaltsvoraussetzung. Unterhalt steht nur demjenigen zu, der sich aus Eigenmitteln bzw. aus zumutbarer ➔ Erwerbstätigkeit selbst nicht angemessen unterhalten kann. Fehlt es an der Bedürftigkeit, kommt es auf die ➔ Leistungsfähigkeit des Unterhaltspflichtigen nicht an.

Bedürftigkeit in nichtehelichen Lebensgemeinschaften

Die Bedürftigkeit entfällt nicht ohne weiteres beim Zusammenleben mit einem neuen Partner in ➔ nichtehelicher Lebensgemeinschaft, weil dadurch keine Unterhaltsansprüche zwischen den neuen Partnern begründet werden. Der Berechtigte muss sich aber unter Umständen Versorgungsleistungen und Arbeitsleistungen, die er für den neuen Partner erbringt, sowie Vergütungen anrechnen lassen.
Davon zu unterscheiden ist die Frage, ob in diesem Fall die Inanspruchnahme des Verpflichteten ganz oder teilweise grob unbillig ist (§ 1361 Abs. 3, § 1579 Nr. 6 und 7 BGB; ➔ Ausschluss des Unterhaltsanspruchs bei grober Unbilligkeit, ➔ Härtegründe).

Beerdigungskosten

➔ „Nichteheliches" Kind, ➔ Tod, ➔ Verwandtenunterhalt

Befristete Beschwerde

➔ Beschwerde

Beistandschaft

Durch das Beistandschaftsgesetz sind zum 1. Juli 1998 die Paragrafen 1712 bis 1717 über die Beistandschaft des ➔ Jugendamtes in das Bürgerliche Gesetzbuch eingeführt worden.
Die Beistandschaft ersetzt die ➔ Amtspflegschaft und regelt Folgendes:

- Jede allein sorgeberechtigte Mutter oder jeder allein sorgeberechtigte Vater kann – gleichgültig ob verheiratet, nicht verheiratet oder geschieden – die Beistandschaft des Jugendamtes beantragen (§ 1713 BGB).
- Der Antrag muss schriftlich gestellt und begründet werden (§ 1712 Abs. 1, § 1714 BGB).
- Die Beistandschaft kann sich je nach der Antragstellung inhaltlich auf die Vaterschaftsfeststellung (➔ Vaterschaftsfeststellungsklage) und/oder die Durchsetzung von ➔ Kindesunterhalt beziehen (§ 1712 Abs. 1 Nr. 1 f. BGB).
- Durch die Beistandschaft entstehen keine Kosten.
- Bisherige Amtspflegschaften gehen mit In-Kraft-Treten des neuen Gesetzes in Beistandschaften über, begrenzt auf den neuen Wirkungskreis Vaterschaftsfeststellung und Kindesunterhalt.
- Eine Aufsicht durch das Gericht findet nicht statt und durch die Beistandschaft wird das Sorgerecht nicht eingeschränkt (§ 1716 BGB).
- Die Beistandschaft kann jederzeit schriftlich gegenüber dem Jugendamt beendet werden (§ 1715 BGB).

Die Beistandschaft kann bereits vor der Geburt des Kindes beantragt werden, wenn dies erforderlich erscheint (§ 1713, § 1714 Satz 2 BGB). Der Gesetzgeber hat dem Jugendamt eine Informationspflicht auferlegt: Es bietet der Mutter eines „nichtehelichen" Kindes sofort nach der Geburt Beratung und Unterstützung an. Das Jugendamt kann die Aufgaben der Beistandschaft einem rechtsfähigen Verein übertragen, z. B. dem Sozialdienst Katholischer Frauen.

Beiträge zu Berufsverbänden

➔ Berufsbedingte Aufwendungen

Beratung

Die meisten Menschen wollen sich, bevor es zu einem Scheidungs- oder Unterhaltsprozess kommt, von einem ➔ Rechtsanwalt beraten lassen (➔ Anwaltskosten). Für einen mündlichen oder schriftlichen Rat oder eine Auskunft kann der Rechtsanwalt eine Gebühr in Höhe von 1/10 bis 10/10 der vollen Gebühr verlangen (§ 20 BRAGO; ➔ Rechtsanwaltsgebührenordnung).

Das hat in früheren Jahren oft zu Streitigkeiten zwischen Rat Suchenden und Anwälten um die Höhe dieser Beratungsgebühr geführt, weil Rechtsanwälte sich nach den Vermögensverhältnissen der Parteien erkundigt und alle Vermögenswerte bei der Berechnung ihres Honorars zugrunde gelegt haben, sodass für eine erste Beratung oft mehrere tausend DM Gebühren angefallen sind. Dieser Praxis ist mit der Neufassung der Gebührenordnung zum 1. Juli 1994 ein Riegel vorgeschoben worden. Danach darf der Rechtsanwalt für eine erste Beratung höchstens eine Gebühr von 350 DM fordern.

Für weitere Beratungen kann der Rechtsanwalt höhere Gebühren und für das außergerichtliche Tätig-Werden weitere Gebühren nach § 118 BRAGO, so genannte Geschäftsgebühren, verlangen.

Es wird dringend empfohlen bei der ersten Besprechung mit dem Rechtsanwalt wegen der weiteren Gebühren eine eindeutige Gebührenvereinbarung zu treffen, damit keine unerwartet hohen Kosten anfallen. Der Rechtsanwalt ist im Rahmen seiner außergerichtlichen Beratung und Tätigkeit in seiner Gebührengestaltung weitgehend frei.

Wer keine anwaltschaftlichen Gebühren zahlen kann (Hausfrauen, Sozialhilfeempfänger, Kleinrentner und Arbeitslose), sollte sich beim zuständigen ➔ Amtsgericht einen Beratungshilfeschein (➔ Beratungshilfe) holen und den Rechtsanwalt bitten, die ➔ Ehescheidung oder den sonstigen Prozess (z. B. Unterhaltsklage) in ➔ Prozesskostenhilfe durchzuführen. Alle Anwälte sind dazu bereit und verpflichtet.

Beratungshilfe

Nach dem Gesetz über Beratung und Vertretung für Bürger mit geringem Einkommen (Beratungshilfegesetz) können finanziell hilfsbedürftige Bürger einen erleichterten Zugang zur Rechtsberatung außerhalb eines gerichtlichen Verfahrens erhalten (➔ Beratung). Der Antrag auf Beratungshilfe ist durch den Recht Suchenden schriftlich oder zweckmäßigerweise mündlich beim Amtsgericht des Wohnorts zu stellen.

Das ➔ Amtsgericht erteilt, wenn die Voraussetzungen gegeben sind, einen Berechtigungsschein. Der Recht Suchende kann mit diesem Berechtigungsschein einen ➔ Rechtsanwalt seines Vertrauens aufsuchen. Der Anwalt hat ihn zu beraten und

gegebenenfalls außergerichtlich zu vertreten. Der Anwalt kann seine diesbezüglichen Gebühren gegenüber der Staatskasse abrechnen. Der Anwalt ist nicht berechtigt, von dem Rat Suchenden zusätzliche Gebühren zu fordern, mit Ausnahme eines Kostenbeitrages von 20 DM.
Ist der Rat Suchende Sozialhilfeempfänger (➔ Sozialhilfe), so ist damit sein geringes Einkommen nachgewiesen. In diesem Fall kann er den Rechtsanwalt unmittelbar mit der Bitte aufsuchen, für ihn den Berechtigungsschein nachträglich zu beantragen.

Bereinigtes Nettoeinkomen

Für die Unterhaltsberechnung (➔ Unterhalt) kann nur der Teil des ➔ Einkommens zugrunde gelegt werden, der zur Deckung des laufenden Lebensbedarfs zur Verfügung steht oder bisher gestanden hat bzw. bei Anlegung eines objektiven Maßstabes dafür zur Verfügung stehen könnte. Dies ist das so genannte bereinigte Nettoeinkommen.
Dieses bereinigte Nettoeinkommen wird berechnet, indem zunächst das durchschnittliche monatliche Bruttoeinkommen der unterhaltspflichtigen Partei (➔ Unterhaltspflicht) ermittelt wird, und zwar bei Selbstständigen grundsätzlich aus dem Einkommen der letzten drei Jahre und bei nicht selbstständig Beschäftigten aus dem Einkommen des letzten Jahres.

Von diesem monatlichen Bruttoeinkommen sind folgende Posten abzuziehen:

- Lohn- oder Einkommensteuer, Kirchensteuer, Solidaritätszuschlag,
- ➔ Vorsorgeaufwendungen für Krankheit, Invalidität und Arbeitslosigkeit,
- ➔ berufsbedingte Aufwendungen, Werbungskosten und Betriebsausgaben,
- im konkreten Einzelfall Aufwendungen für einen berechtigten ➔ Mehrbedarf wegen Krankheit, Behinderung oder Alter,
- ➔ berücksichtigungsfähige Schulden,
- beim ➔ Ehegattenunterhalt außerdem ➔ Unterhaltsleistungen für Kinder.

Nicht abziehbar sind ein trennungsbedingter Mehrbedarf sowie die Kosten des laufenden Lebensbedarfs wie Miete, Haushaltsgeld usw.

Berliner Tabelle

Wegen der durchschnittlich niedrigeren Einkommensverhältnisse in den neuen Bundesländern haben Familienrichter im Bezirk des Kammergerichts Berlin eine Berliner Tabelle entwickelt als Vortabelle zur ➔ Düsseldorfer Tabelle (➔ Unterhaltstabellen und Leitlinien). Die Berliner Tabelle ist wegen ihrer Bedeutung vollständig im Anhang des Buches abgedruckt (siehe Seite 150).

Berücksichtigungsfähige Schulden

In der ➔ Düsseldorfer Tabelle (siehe auch Seite 145) heißt es hierzu in Anmerkung 4: „Berücksichtigungsfähige Schulden sind in der Regel vom ➔ Einkommen abzuziehen."
Da in vielen Fällen die Ehegatten bei Trennung und Scheidung mit Kreditverpflichtungen belastet sind, bleibt die Frage offen, welche Kreditraten „berücksichtigungsfähig" sind.
Die Unterhaltsansprüche (➔ Unterhalt) richten sich nach den ehelichen Lebensverhältnissen. Diese sind nur von den Einkünften geprägt, die für den laufenden Lebensbedarf zur Verfügung stehen. Das bedeutet, dass Ratenverpflichtungen in voller Höhe, also mit Zins- und Tilgungsanteil, grundsätzlich zu berücksichtigen sind. Voraussetzung dafür ist, dass die Ratenverbindlichkeiten in gemeinsamer Zeit eingegangen und bezahlt worden sind, und zwar unabhängig davon, welcher Ehegatte die Schulden gemacht hat. Bei besonders hohen Raten stellt sich allerdings die Frage, ob diese in voller Höhe zu berücksichtigen sind, insbesondere ob eine Herabsetzung der Kreditraten möglich und zumutbar ist.
Ratenverpflichtungen, die eine Partei erst nach der ➔ Ehescheidung eingegangen ist, können grundsätzlich nicht berücksichtigt werden, ebenso wenig Ratenverpflichtungen, die Aufwendungen zur Vermögensbildung darstellen (beispielsweise für Bausparverträge).
Ein ähnliches Problem ergibt sich, wenn bei der Trennung der Parteien das Girokonto überzogen ist. Zunächst ist der Kontostand im Trennungszeitpunkt zu ermitteln. Werden – eventuell nach Umwandlung in einen Ratenkredit – regelmäßige Rückzahlungen geleistet, sind sie abzugsfähig.

Besonderheiten beim Kindesunterhalt

Minderjährige Kinder sind insofern besonders schutzwürdig, als sie weder die Kreditaufnahme ihrer Eltern verhindern noch aus eigener Kraft etwas zur Reduzierung der Verbindlichkeiten beitragen können. Trotz vorhandener Ratenbelastung ist ihr notwendiger Lebensbedarf (➔ Kindesunterhalt) vom Pflichtigen zu bedienen, zumindest in Höhe der Mindestsätze der Düsseldorfer Tabelle.

Berufsbedingte Aufwendungen

Bei Ermittlung des ➔ bereinigten Nettoeinkommens, das der Unterhaltsberechnung (➔ Unterhalt) zugrunde gelegt wird, sind zunächst die berufsbedingten Aufwendungen abzuziehen, wofür nach der ➔ Düsseldorfer Tabelle (siehe auch Seite 145) „bei entsprechenden Anhaltspunk-

ten" eine Pauschale von 5% des Nettoeinkommens – mindestens 90 DM, bei geringfügiger Teilzeitarbeit auch weniger, und höchstens 260 DM monatlich – geschätzt werden kann. Übersteigen die berufsbedingten Aufwendungen die Pauschale, sind sie insgesamt nachzuweisen. Arbeitskleidung wird nur anerkannt, wenn es sich um Spezialkleidung handelt. Beiträge zu Berufsverbänden, z. B. Gewerkschaftsbeiträge, werden in der Regel anerkannt. Auch Aufwendungen für Büromaterial, Fachliteratur, Computer usw. können berufsbedingte Aufwendungen sein. Nur im Ausnahmefall können die Aufwendungen für ein häusliches Arbeitszimmer abgezogen werden. Für ➔ Fahrtkosten gelten besondere Regeln.
Bei der Gewinnermittlung aus selbstständiger Tätigkeit, Gewerbebetrieb, Land- und Forstwirtschaft sind die „berufsbedingten Aufwendungen" bereits als Betriebsausgaben berücksichtigt, sodass daneben keine zusätzlichen berufsbedingten Ausgaben anfallen. Verluste aus Vermietungen und Verpachtungen können in der Regel vorab als Werbungskosten abgezogen werden. Arbeitslose können ihre Aufwendungen für Bewerbungen in Abzug bringen.
Bei Renten und Pensionen gibt es keine berufsbedingten Aufwendungen und deshalb auch keinen entsprechenden pauschalen oder konkreten Abzug.

Berufung

Berufung (§ 511ff. ZPO) ist das ➔ Rechtsmittel gegen Urteile des ➔ Amts- und ➔ Landgerichts in erster Instanz (➔ Rechtszug). Sie bezweckt neben einer Überprüfung des Urteils eine neue Verhandlung und Entscheidung des Rechtsstreits in tatsächlicher und rechtlicher Hinsicht. Neues Vorbringen ist mit Einschränkungen zulässig.
Über die Berufung gegen Urteile des ➔ Familiengerichts (z. B. stattgebendes oder abweisendes Scheidungsurteil) entscheidet das ➔ Oberlandesgericht (§ 119 Abs. 1 Nr. 1 GVG).
Die Berufung ist unzulässig, wenn der Wert des Beschwerdegegenstands 1 500 DM nicht übersteigt (§ 511a ZPO). Die Berufungsfrist beträgt einen Monat (§ 516 ZPO). Sie ist eine ➔ Notfrist und beginnt mit der Zustellung des Urteils, spätestens aber mit dem Ablauf von fünf Monaten nach Urteilsverkündung. Die Berufung in einer Familiensache ist durch einen beim zuständigen Oberlandesgericht zugelassenen ➔ Rechtsanwalt einzulegen. In der Regel ist der erstinstanzliche Anwalt nicht beim Oberlandesgericht zugelassen, sodass Anwaltswechsel erforderlich ist (➔ Anwaltszwang).
Die Berufung kann ohne Begründung eingelegt werden. Für die Begründung gilt eine weitere Frist von einem Monat, die auf Antrag verlängert werden kann (§ 519 Abs. 2 ZPO).

Wenn eine Partei Berufung einlegt, dann muss sie unbedingt die Monatsfrist seit Zustellung einhalten. Notfalls genügt es, dass man am letzten Tag der Frist einen Oberlandesgerichtsanwalt beauftragt, noch am selben Tag ohne Begründung Berufung einzulegen. Die meisten Oberlandesgerichtsanwälte sind auf solche Blitzaktionen eingerichtet. Wenn man die Berufungsfrist versäumt, gibt es nur noch die ➔ Wiedereinsetzung in den vorigen Stand, falls man ohne Verschulden an der rechtzeitigen Einlegung der Berufung verhindert war, z. B. bei plötzlicher Erkrankung, Verkehrsunfall usw.
➔ Beschwerde, ➔ Revision

Beschränkung und Wegfall der Unterhaltsverpflichtung

Im Rahmen des ➔ Verwandtenunterhaltes gilt die Vorschrift von § 1611 BGB, wonach der Unterhaltsberechtigte nur einen Beitrag zu seinem ➔ Unterhalt in der Höhe verlangen kann, der der Billigkeit entspricht, wenn er durch eigenes Verschulden bedürftig geworden ist oder seinerseits seine Unterhaltsverpflichtung gröblich vernachlässigt hatte oder sich schwerer Verfehlungen gegen den Unterhaltspflichtigen oder dessen nahe Angehörige schuldig gemacht hat. Der Unterhaltsanspruch fällt ganz weg, wenn die Inanspruchnahme des Verpflichteten grob unbillig wäre. Auf die ➔ Unterhaltspflicht von Eltern gegenüber ihren unverheirateten minderjährigen Kindern ist diese Vorschrift nicht anzuwenden (➔ Kindesunterhalt). Für den ➔ Ehegattenunterhalt gilt das zum Unterhaltsanspruch bei grober Unbilligkeit Gesagte (➔ Ausschluss des Unterhaltsanspruchs bei grober Unbilligkeit).
Die Vorschrift von § 1611 BGB bedeutet in letzter Konsequenz: Wenn ein Siebzehnjähriger seine Eltern schwer körperlich misshandelt, ihnen sogar nach dem Leben trachtet, müssen die Eltern ihm trotzdem weiterhin Unterhalt zahlen. Erst wenn er 18 Jahre alt ist, greift § 1611 BGB.

Beschwerde

Die Beschwerde (§ 567 ZPO) ist ein selbstständiges ➔ Rechtsmittel – unabhängig von ➔ Berufung und ➔ Revision – gegen die weniger wichtigen gerichtlichen Entscheidungen, nämlich gegen Beschlüsse und Verfügungen. Das Verfahren ist einfacher gestaltet als bei der Berufung. So kann die Beschwerde auf neue Tatsachen und Beweise gestützt werden (§ 570 ZPO). Erachtet das Gericht, dessen Entscheidung angefochten wird, die Beschwerde für begründet, so hat es ihr abzuhelfen. Anderenfalls ist die Beschwerde dem Beschwerdegericht vorzulegen. Dies ist in ➔ Familiensachen das ➔ Oberlandesgericht (§ 119 Abs. 1 Nr. 2 GVG).
In bestimmten Fällen gibt es die *sofortige Beschwerde* (§ 577 ZPO), die in einer

➔ Notfrist von zwei Wochen eingelegt werden muss. Das erstinstanzliche Gericht ist bei der sofortigen Beschwerde zu einer Änderung der angefochtenen Entscheidung nicht befugt.
In Familiensachen gibt es die so genannte *befristete Beschwerde* (§ 621e ZPO) bei Entscheidungen über Sorgerecht, Umgang (➔ Umgangsrecht), Herausgabe des Kindes, Versorgungsausgleich, Ehewohnung, ➔ Hausrat und Kindschaftssachen. Die befristete Beschwerde ist innerhalb einer Notfrist von einem Monat beim Oberlandesgericht einzulegen (§ 621e Abs. 3 ZPO, § 119 Abs. 1 Nr. 2 GVG). Für die befristete Beschwerde besteht kein ➔ Anwaltszwang, es sei denn, diese Verfahren gehen aus abgetrennten Verbundsachen hervor (➔ Ehescheidung oder ➔ Folgesachen; ➔ Scheidungsfolgen, ➔ Verbundverfahren).
➔ Rechtszug

Besondere Vorschriften für das Kind und seine nicht miteinander verheirateten Eltern

➔ „Nichteheliches" Kind

Besuchsrecht

➔ Umgangsrecht

Bewusstlosigkeit und Störung der Geistestätigkeit

Eine Ehe ist aufhebbar, wenn sich ein Ehegatte zur Zeit der Eheschließung in einem die freie Willenbestimmung ausschließenden Zustand der Bewusstlosigkeit oder vorübergehenden Störung der Geistestätigkeit befunden hat (§ 1314 Abs. 2 Nr. 1 BGB). Bewusstlosigkeit bedeutet nicht völliges Fehlen des Bewusstseins; gemeint ist vielmehr hochgradige Bewusstseinstrübung, z. B. infolge Trunkenheit (➔ Alkoholismus) oder Drogeneinfluss. Die Aufhebung der Ehe ist ausgeschlossen, wenn der Ehegatte nach Wegfall der Bewusstlosigkeit oder der Störung der Geistestätigkeit zu verstehen gegeben hat, dass er die Ehe fortsetzen will (§ 1314 f. BGB). Gleiches gilt bei fehlendem Bewusstsein vom Vorliegen einer Eheschließung (§ 1314 Abs. 2 Nr. 2 BGB).

BEISPIEL 1

Ein Asylant mit geringen Deutschkenntnissen, dessen Heimatrecht nur die kirchliche Trauung kennt, hält den Akt vor dem Standesbeamten nur für eine bürokratische Vorstufe der Eheschließung.

BEISPIEL 2

Eine deutsche Touristin wird im Ausland zu einer Unterschrift unter ein in fremder Sprache abgefasstes Dokument bewogen, das sich als Heiratsurkunde herausstellt, um dem Ehegatten die Einreise in die Bundesrepublik zu ermöglichen (➔ Scheinehe).

➔ Aufhebungsverfahren, ➔ Ehenichtigkeit

Bremer Tabelle

Es ist im Gesetz nicht geregelt, in welcher Weise der ➔ Vorsorgeunterhalt zu berechnen ist. Der ➔ Bundesgerichtshof knüpft in ständiger Rechtsprechung für die Berechnung des Vorsorgeunterhalts an den ➔ Elementarunterhalt an, wie er ohne Vorsorgeunterhalt zu leisten wäre. Deshalb ist zunächst – als erster Rechtsschritt – der Elementarunterhalt festzuhalten. Dann wird – in einem zweiten Rechtsschritt – dieser vorläufige Elementarunterhalt wie Nettoarbeitsentgelt zum sozialversicherungspflichtigen Bruttolohn hochgerechnet. Dies geschieht in der Praxis nach der Bremer Tabelle.

➔ Berliner Tabelle, ➔ Düsseldorfer Tabelle, ➔ Unterhaltstabellen und Leitlinien

Büromaterial, Fachliteratur, Computer usw.

➔ Berufsbedingte Aufwendungen

Bundesgerichtshof

Der Bundesgerichtshof (BGH) ist der oberste Gerichtshof des Bundes im Bereich der ordentlichen Gerichtsbarkeit (Zivil- und Strafsachen). Seinen Sitz hat der BGH in Karlsruhe. In ➔ Familiensachen ist er zuständig als Revisions- (➔ Revision) und Beschwerdeinstanz (➔ Beschwerde). Zur Wahrung der Rechtseinheit entscheidet der BGH durch so genannten Rechtsentscheid, wenn ein ➔ Oberlandesgericht von einer Entscheidung des BGH oder eines anderen Oberlandesgerichts abweichen will (§ 541 Abs. 1 ZPO).

D

Doppelehe

Eine ➔ Ehe darf nicht geschlossen werden (➔ Eheverbot), wenn eine der Personen, die die Ehe miteinander eingehen wollen, bereits verheiratet ist (§ 1306 BGB). Nach früherem Recht hatte eine solche Doppelehe die Nichtigkeit der neuen Ehe zur Folge (➔ Ehenichtigkeit); nach jetzigem Recht ist die verbotswidrig geschlossene Ehe nur noch aufhebbar (➔ Aufhebungsverfahren).
Die Aufhebbarkeit setzt voraus, dass zur Zeit der Eheschließung zwischen einem der Ehegatten und einem Dritten bereits eine Ehe bestand oder noch immer besteht. Aufhebbar ist nur die Zweitehe. Auch eine nach früherem oder ausländischem Recht nichtige, jetzt hier aber noch gültige Ehe hindert die Eingehung einer weiteren Ehe. Dagegen ist eine in Deutschland nur kirchlich geschlossene Ehe ohne Bedeutung.
Ist ein Ehegatte fälschlich für tot erklärt worden und hat der andere Ehegatte daraufhin erneut geheiratet, so „bestand" an sich bei Eingehung der zweiten Ehe noch immer die erste Ehe. Gleichwohl ist die Zweitehe nicht als Doppelehe aufhebbar, da in diesem besonderen Falle die erste Ehe mit der Schließung der zweiten Ehe kraft Gesetzes aufgelöst worden ist (§ 1319 Abs. 2 BGB).

Drohung

Eine Ehe kann aufgehoben werden (➔ Aufhebungsverfahren), wenn ein Ehegatte widerrechtlich durch Drohung zur Eingehung bestimmt worden ist (§ 1314 Abs. 2 Nr. 4 BGB). Das angedrohte Übel kann sich sowohl gegen den anderen Verlobten als auch gegen einen Dritten, z. B. einen nahen Angehörigen, richten. Es kann z. B. mit Gewaltanwendung, Strafanzeige, Vermögensnachteilen oder Selbstmord gedroht werden.
Einen Antrag auf Aufhebung der Ehe kann nur der Ehegatte stellen, der unter Einfluss der Drohung die Ehe geschlossen hat (§ 1316 Abs. 1 Nr. 2 BGB). Der Antrag ist fristgebunden (Jahresfrist nach Beendigung der Zwangslage; § 1317 BGB). Die Aufhebung ist ausgeschlossen, wenn der Ehegatte nach Ende der Zwangslage zu verstehen gegeben hat, dass er die Ehe fortsetzen will (Bestätigung; § 1315 Abs. 1 Nr. 4 BGB).

Düsseldorfer Tabelle

Die neue Düsseldorfer Tabelle (gültig seit 1. Juli 1998) nebst Anmerkungen beruht

auf Koordinierungsgesprächen, die zwischen Richtern der Familiensenate der ➔ Oberlandesgerichte Düsseldorf, Köln und Hamm sowie der Unterhaltskommission des deutschen Familiengerichtstages e.V. stattgefunden haben. Dabei ist eine Umfrage bei allen Oberlandesgerichten im Bundesgebiet berücksichtigt worden. Inzwischen wird die Düsseldorfer Tabelle von allen Oberlandesgerichten im Bundesgebiet als Richtschnur angewendet mit Ausnahme des Oberlandesgerichts Nürnberg (eigene Nürnberger Tabelle). Allerdings haben mehrere Oberlandesgerichte eigene ergänzende Leitlinien mit Hinweisen zur Rechtsanwendung in Standardsituationen entwickelt (➔ Unterhaltstabellen und Leitlinien).
Wegen der großen Bedeutung der Düsseldorfer Tabelle für die Unterhaltsberechnung ist sie vollständig im Anhang dieses Buches abgedruckt (siehe Seite 144).
➔ Berliner Tabelle, ➔ Bremer Tabelle

E

Ehe

Die Ehe ist die rechtlich anerkannte, grundsätzlich auf Lebensdauer bestimmte Lebensgemeinschaft zwischen Mann und Frau (§ 1353 Abs. 1 Satz 1 BGB). Im Gegensatz dazu steht die ➔ nichteheliche Lebensgemeinschaft, die rechtlich nicht geregelt ist. Trotz der zunehmenden Zahl der Scheidungen (➔ Ehescheidung) gilt die lebenslange Ehedauer als untrennbarer Bestandteil des Ehebegriffes im Sinne von Art. 6 Abs. 1 des Grundgesetzes: „Ehe und Familie stehen unter dem besonderen Schutze der staatlichen Ordnung."
Im BGB heißt es: „Die Ehegatten sind einander zur ehelichen Lebensgemeinschaft verpflichtet" (§ 1353 Abs. 2 BGB). Die Verpflichtung entfällt, wenn die Ehe gescheitert ist.
Eine Verurteilung zur Herstellung des ehelichen Lebens kann nicht im Wege der Zwangsvollstreckung durchgesetzt werden (§ 888 Abs. 2 ZPO).
➔ Eheschließung

Ehe ohne Trauschein

➔ Nichteheliche Lebensgemeinschaft

Eheähnliche Gemeinschaft

➔ Nichteheliche Lebensgemeinschaft

Ehebedingte Zuwendungen

Ehebedingte Zuwendungen (auch als unbenannte oder ehebezogene Zuwendungen bezeichnet) liegen vor, wenn ein Ehegatte dem anderen Leistungen zukommen lässt, die der Verwirklichung der ehelichen Lebensgemeinschaft beider Ehegatten dienen sollen. Im Allgemeinen handelt es sich bei solchen Zuwendungen um große wirtschaftliche Werte, die der eine Ehegatte dem anderen überträgt oder an dem er dem anderen Ehegatten Miteigentum einräumt (der Ehemann war beispielsweise bisher Alleineigentümer des Einfamilienhauses und überträgt seiner Frau zur Hälfte das Miteigentum an diesem Grundbesitz).

Problematisch ist die Rückabwicklung solcher Zuwendungen, wenn die Ehe scheitert. Ob und wie die ehebedingten Zuwendungen auszugleichen sind, ist umstritten. Der ➔ Bundesgerichtshof vertritt die so genannte *güterrechtliche Lösung,* nach der in erster Linie die Bestimmung über den ➔ Zugewinnausgleich angewendet wird. Dadurch werden die allgemeinen Grundsätze über den Wegfall der Geschäftsgrundlage verdrängt und daraus abzuleitende Ausgleichsansprüche weitgehend ausgeschlossen.

Die Abgrenzung zwischen ehebedingten Zuwendungen und Schenkungen ist problematisch, ebenso die Abgrenzung zur Ehegattengesellschaft. Anders als im ➔ Familienrecht wird eine ehebedingte Zuwendung im Erbrecht als Schenkung betrachtet (➔ Schenkungen unter Ehegatten). In welchem Umfang eine solche Schenkung schenkungssteuerpflichtig ist, ist ebenfalls umstritten.

Wegen der strittigen Rechtslage bei der Rückabwicklung ehebedingter Zuwendungen ist unbedingt Rechtsrat bei einem erfahrenen ➔ Rechtsanwalt und/oder Steuerberater erforderlich (➔ Anwaltskosten).

Eheberater

➔ Mediation

Ehefähigkeit

Fehlende Ehefähigkeit kann im Zweifel zur Aufhebung der Ehe führen (➔ Aufhebungsverfahren).

Minderjährige

Eine Ehe soll nicht vor Eintritt der Volljährigkeit eingegangen werden. Ein Min-

derjähriger kann sich aber von dem Hindernis der fehlenden Ehefähigkeit befreien lassen. Das ➔ Familiengericht kann diese Befreiung erteilen, wenn der Antragsteller das 16. Lebensjahr vollendet hat und sein künftiger Ehegatte volljährig ist (§ 1303 BGB). Der minderjährige Ehegatte kann diesen Antrag nur selbst stellen, nicht sein gesetzlicher Vertreter; er benötigt auch nicht dessen Zustimmung.
Die Aufhebung ist ausgeschlossen, wenn das Familiengericht die ➔ Eheschließung genehmigt hat oder wenn der Ehegatte, nachdem er volljährig geworden ist, zu erkennen gegeben hat, dass er die Ehe fortsetzen will (Bestätigung; § 1315 Abs. 1 Nr. 1 BGB).

Geschäftsunfähige

Früher war eine Ehe nichtig, wenn einer der Ehegatten zur Zeit der Eheschließung geschäftsunfähig war (➔ Ehenichtigkeit). Nach der neuen Bestimmung von § 1304 BGB können psychisch Kranke oder geistig Behinderte grundsätzlich heiraten. Die Ehefähigkeit fehlt ihnen nur dann, wenn sich ein oder beide Partner – nicht nur vorübergehend – „in einem die freie Willenbestimmung ausschließenden Zustand krankhafter Störung der Geistestätigkeit“ befinden. Ist die Ehe in einem solchen Fall aufhebbar, so kann die Aufhebung gleichwohl ausgeschlossen sein, wenn die Ehe nach Wegfall der Geschäftsunfähigkeit „bestätigt“ worden ist.

Ehegattenschutzklausel/ Kinderschutzklausel

Die Härteklausel von § 1568 BGB war vor Einführung des neuen Ehescheidungsgesetzes 1977 (Übergang vom Schuldprinzip zum Zerrüttungsprinzip; ➔ Ehescheidung, ➔ Scheidungsvoraussetzungen) heftig umstritten. Ursprünglich war vorgesehen, dass jede ➔ Ehe geschieden werden könnte, wenn die Ehegatten fünf Jahre getrennt leben („Ehe mit fünfjähriger Kündigungsfrist“; ➔ Getrenntleben der Ehegatten). Aufgrund einer Entscheidung des Bundesverfassungsgerichts ist diese Befristung auf fünf Jahre ersatzlos gestrichen worden. Zur Vermeidung „tragischer Ehescheidungen“ ist § 1568 BGB mit einer Ehegattenschutzklausel und einer Kinderschutzklausel geschaffen worden: „Die Ehe soll nicht geschieden werden, obwohl sie gescheitert ist, wenn und solange die Aufrechterhaltung der Ehe im Interesse der aus der Ehe hervorgegangenen minderjährigen Kinder aus besonderen Gründen ausnahmsweise notwendig ist oder wenn und solange die Scheidung für den Antragsgegner, der sie ablehnt, aufgrund außergewöhnlicher Umstände eine so schwere Härte darstellen würde, dass die Aufrechterhaltung der Ehe auch unter Berücksichtigung der Belange des Antragstellers ausnahmsweise geboten erscheint.“
Voraussetzung für die Anwendung dieser Härteklausel ist das Scheitern der Ehe. Je-

doch können im Einzelfall außergewöhnliche Umstände vorliegen (wie schwere Depressionen, Pflegefälle, unter Umständen auch materielle Gründe), die die Aufrechterhaltung der Ehe ausnahmsweise, jedenfalls für einen bestimmten Zeitraum, geboten erscheinen lassen. Mit dieser Bestimmung soll eine Scheidung zur „Unzeit", nicht jedoch auf Dauer verhindert werden können. Die so genannte Kinderschutzklausel hat dagegen keine praktische Bedeutung erlangt. Es ist nur ein einziger Fall hierzu veröffentlicht, bei dem ein 13-jähriger Junge für den Fall der Scheidung seiner Eltern mit Selbstmord gedroht hat.

Ehegattenunterhalt

Beim Ehegattenunterhalt (➔ Unterhalt) unterscheidet man zwischen ➔ Trennungsunterhalt (bis zur ➔ Rechtskraft der ➔ Ehescheidung) und ➔ nachehelichem Unterhalt.
➔ Halbteilungsgrundsatz

Ehenichtigkeit

Die früheren Vorschriften über die Nichtigkeit einer Ehe und Nichtigkeitsklage sind aufgehoben. Es gibt jetzt nur noch das ➔ Aufhebungsverfahren (§ 1313 ff. BGB).
➔ Doppelehe, ➔ Ehefähigkeit, ➔ Formmangel bei Eheschließung, ➔ Scheinehe

Ehesachen

Ehesachen betreffen die Eheaufhebung, ➔ Ehescheidung und Ehefolgesachen (➔ Scheidungsfolgen). Sie gehören zu den ➔ Familiensachen.

Ehescheidung

Obwohl die ➔ Ehe grundsätzlich auf Lebenszeit geschlossen ist (➔ Eheschließung), lässt das in der Bundesrepublik geltende Eherecht neben der Aufhebung der Ehe (➔ Aufhebungsverfahren) die vorzeitige Scheidung der Ehe durch gerichtliches Urteil zu (§ 1564 BGB). Dies folgt aus der Erkenntnis, dass eine zerrüttete Ehe, bei der die Ehegatten jede innere Bindung zueinander verloren haben, nicht geeignet ist, weiterhin Grundlage der Gesellschaftsordnung und des Staates zu sein.
Nach der ursprünglichen Fassung des BGB galt das so genannte „Schuldprinzip", wonach eine Ehe nur geschieden werden konnte, wenn ein Ehegatte seine ehelichen Pflichten schuldhaft verletzt hatte. Lag ein solcher Scheidungsgrund vor, so hatte der andere Ehegatte die Wahl, ob er sich scheiden lassen oder trotzdem weiter verheiratet bleiben wollte. Dagegen konnte der schuldige Teil sein Scheidungsbegehren nicht auf eine eigene Eheverfehlung stützen. Das Ehegesetz von 1938 brachte eine Abkehr vom strikten Schuldprinzip, als ein Zerrüttungstatbe-

stand eingeführt wurde: Wenn die Ehegatten die häusliche Gemeinschaft seit drei Jahren aufgehoben hatten, konnte die Ehe geschieden werden (§ 48 des alten Ehegesetzes).

In den Folgejahren ist in vielen Staaten des westlichen Kulturkreises das Scheidungsrecht reformiert worden mit der Tendenz, das Scheidungsverfahren zu erleichtern und zu versachlichen. So ist in der alten Bundesrepublik mit dem ersten Familienrechtsreformgesetz das Zerrüttungsprinzip zum 1. Juli 1977 eingeführt worden. Das Verschulden spielt im neuen Scheidungsrecht grundsätzlich keine Rolle mehr, weder als ➔ Scheidungsvoraussetzung noch bei den ➔ Scheidungsfolgen. Eine Ehe kann nach einer gewissen Frist des ➔ Getrenntlebens ohne Rücksicht auf Eheverfehlungen geschieden werden. Auch die Scheidungsfolgen, vor allem der ➔ nacheheliche Unterhalt und die Entscheidung über die ➔ elterliche Sorge, hängen nicht mehr von der Scheidungsschuld ab. Mit dem neuen Scheidungsrecht ist gleichzeitig der ➔ Zugewinn- und ➔ Versorgungsausgleich eingeführt worden.

Das neue Scheidungsrecht gilt auch für die so genannten *Alt-Ehen,* die erst nach seinem In-Kraft-Treten geschieden worden sind oder noch geschieden werden. Wer bereits vor In-Kraft-Treten des neuen Rechtes rechtskräftig geschieden worden ist, hat allerdings keinerlei Ansprüche aufgrund des neuen Scheidungsrechts, also auch nicht auf Zugewinn oder Versorgungsausgleich. Der Scheidungsprozess kann nicht neu aufgerollt werden.

➔ Einverständliche Scheidung

Eheschließung

Die ➔ Ehe wird nur dadurch geschlossen, dass die Eheschließenden vor dem Standesbeamten erklären, die Ehe miteinander eingehen zu wollen (§ 1310 Abs. 1 BGB). Die Eheschließenden müssen die Erklärung persönlich und bei gleichzeitiger Anwesenheit abgeben. Die Erklärung kann nicht unter einer Bedingung oder Zeitbestimmung erfolgen (§ 1311 BGB), z. B. keine Probe- oder Zeitehe. Die Eheschließung kann, muss jedoch nicht in Gegenwart von einem oder zwei Trauzeugen erfolgen (§ 1312 Abs. 2 BGB).

Eheverbot der Verwandtschaft

Eine ➔ Ehe darf nicht geschlossen werden zwischen Verwandten in gerader Linie sowie zwischen vollbürtigen und halbbürtigen Geschwistern. Dies gilt auch, wenn das Verwandtschaftsverhältnis durch Annahme als Kind erloschen ist (§ 1307 BGB; ➔ Aufhebungsverfahren).

Diese Vorschrift lässt das Eheverbot der Verwandtschaft fortbestehen, enthält jedoch nicht mehr das frühere Eheverbot der

→ Schwägerschaft. Das Eheverbot der Schwägerschaft hatte keine große Bedeutung mehr, da von ihm Befreiung erteilt werden konnte und auch regelmäßig erteilt worden ist.
→ Verwandtschaft im Sinne dieser Vorschrift bedeutet Blutsverwandtschaft. Die Blutsverwandtschaft bleibt bestehen, auch wenn die Verwandtschaft im Rechtssinne dadurch erloschen ist, dass das Kind von einem Dritten adoptiert worden ist (§ 1755, 1772 BGB; → Adoption). Eine Verwandtschaft durch Adoption fällt nicht unter die Vorschrift von § 1307 BGB. Personen, deren Verwandtschaft auf Adoption beruht, „sollen nicht heiraten" (§ 1308 BGB). Heiraten sie trotzdem, wird das Adoptionsverhältnis kraft Gesetzes aufgehoben (§ 1766 BGB).
Wird die Abstammung von einem Elternteil erfolgreich angefochten, so wird damit zugleich festgestellt, dass ein Eheverbot zwischen den Beteiligten nicht bestanden hat und die Ehe nicht mehr aufgehoben werden kann.
→ Ehenichtigkeit

Ehewohnung

→ Wohnungszuweisung

Eigenbedarf (Existenzminimum)

Der monatlich notwendige Eigenbedarf (Existenzminimum) des unterhaltsberechtigten Ehegatten einschließlich des trennungsbedingten → Mehrbedarfs beträgt in der Regel,
❶ falls erwerbstätig, 1 500 DM,
❷ falls nicht erwerbstätig, 1 300 DM.
Der monatliche notwendige Eigenbedarf (Existenzminimum) des Ehegatten, der in einem gemeinsamen Haushalt mit dem Unterhaltspflichtigen lebt, beträgt in der Regel,
❶ falls erwerbstätig, 1 100 DM,
❷ falls nicht erwerbstätig, 950 DM.
→ Düsseldorfer Tabelle
Zum Selbstbehalt des Unterhaltspflichtigen siehe → Leistungsfähigkeit.

Einkommen/Einkünfte

Für die Unterhaltsberechnung (→ Unterhalt) wird das Einkommen für Berechtigte und Verpflichtete nach gleichen allgemeinen Grundsätzen ermittelt. Es macht auch keinen Unterschied, ob die Höhe von → Familienunterhalt, → Ehegattenunterhalt oder → Kindesunterhalt bestimmt werden soll. Erst bei der späteren Unterhaltsfestsetzung ist zu prüfen, in welchem Umfang das Einkommen für die Unterhaltszahlungen heranzuziehen ist. Auf eine genaue Einkommensermittlung kann nur in Ausnahmefällen verzichtet werden, so beim Ehegattenunterhalt, wenn das Einkommen des Verpflichteten so hoch ist, dass anstelle eines nach Tabelle zu ermittelnden Unterhaltes der konkrete Bedarf festgestellt werden muss.

Bei der Einkommensermittlung gilt der Grundsatz der unterschiedslosen Erfassung aller unterhaltsrechtlich relevanten Einkünfte. Es sind also auf beiden Seiten grundsätzlich alle zufließenden Einkünfte anzurechnen, gleichgültig welcher Art sie sind und aus welchen Anlässen sie gezahlt werden. (So hat das Oberlandesgericht Düsseldorf einem Beklagten neben seinem Einkommen als Bürovorsteher die Einnahmen aus Skatgewinnen angerechnet; FamRZ 1994, Seite 896.) Zu erfassen sind somit alle Einkünfte aus allen Einkommensarten, z. B. beim Arbeitseinkommen auch Sonderzuwendungen, Zulagen, Spesen, Prämien, Weihnachtsgeld, Urlaubsgeld, Auslösungen, Überstundenvergütungen sowie sonstige Nebeneinnahmen. Beim Verpflichteten erhöhen diese zusätzlichen Einkünfte sein anrechenbares Einkommen; beim Berechtigten mindern sie die Bedürftigkeit.

Maßgeblich für die Unterhaltsberechnung ist nur der Teil des Einkommens, der zur Deckung des laufenden Lebensbedarfes zur Verfügung steht (➔ Bereinigtes Nettoeinkommen).

Der geschuldete Unterhalt ist jeweils monatlich im Voraus zu bezahlen, die Berechnungseinheit ist grundsätzlich der Monat. Das in der Vergangenheit bezogene Einkommen der letzten zwölf Monate oder der Gewinn des letzten abgelaufenen Kalenderjahres sind für die Unterhaltsbestimmung heranzuziehen und auf Monatseinkommen umzurechnen. Eine Korrektur ist jedoch erforderlich, wenn sich das Einkommen danach wesentlich und nachhaltig geändert hat.

Höhere Sonderzuwendungen, wie z. B. aus Anlass eines Jubiläums, sowie ➔ Abfindungen bei Arbeitsplatzverlust oder Übergangshilfen bei der Bundeswehr sind auf mehrere Jahre zu verteilen. Die Abfindungssumme selbst – nicht nur etwaige Zinseinkünfte – ist im Rahmen einer sparsamen Wirtschaftsführung zur Deckung eines angemessenen ➔ Unterhaltsbedarfs aller Berechtigten zu verwenden.

Beim Ehegattenunterhalt sind nur solche Einkünfte zu berücksichtigen, die die ehelichen Lebensverhältnisse „geprägt“ haben. Hierfür ist der Lebenszuschnitt maßgebend, den die Eheleute während ihres Zusammenlebens – also bis zur Trennung – durch ihre Leistungen begründet haben, wobei eine normale Entwicklung der wirtschaftlichen Verhältnisse bis zur ➔ Ehescheidung grundsätzlich mit einbezogen werden soll. Nicht prägende Einkünfte liegen beispielsweise vor, wenn die Ehegatten sich durch Einkünfte aus Lotteriegewinn, Erbschaft oder einen Grundstücksverkauf für eine vorübergehende Zeit einen besonders aufwendigen Lebensstil geleistet haben.

Unterhaltsrechtlich bedeutsam sind folgende Einkünfte:

❶ Erwerbseinkünfte:
- Einkünfte aus abhängiger Arbeit,
- Einkünfte von Freiberuflern, sonstigen Selbstständigen und Gewerbetreibenden, die nicht buchführungspflichtig sind und auch freiwillig keine Bücher führen,
- Einkünfte von Vollkaufleuten und buchführungspflichtigen Gewerbetreibenden,
- Einkünfte aus Land- und Forstwirtschaft,

❷ Vermögenseinkünfte:
- Einkünfte aus Vermietung und Verpachtung,
- Wohnvorteil als Gebrauchsvorteil eines Vermögens (➔ Wohnvorteil beim Wohnen im eigenen Haus),
- Einkünfte aus Kapital (Zinsen und Dividenden),
- zurechenbare Einkünfte aus unterlassener zumutbarer Vermögensverwertung,

❸ Erwerbsersatzeinkünfte:
- Einkünfte aus Renten und Pensionen,
- Einkünfte aus Ersatzleistungen wie Arbeitslosengeld, Krankengeld usw.,

❹ sonstige Einkünfte:
- alle sozialstaatlichen Zuwendungen wie Wohngeld, BAFöG, ➔ Kindergeld und Pflegegeld,
- steuerrechtliche Vorteile,
- freiwillige unentgeltliche Zuwendungen Dritter,
- Zuwendung eines neuen Partners an den Berechtigten,
- ➔ fiktive Einkünfte,
- Einkünfte aus Unterhaltszahlungen.

Besondere Regelungen gelten bei ➔ Sozialhilfe, Erziehungsgeld, Schmerzensgeld und Einnahmen aus ➔ unzumutbarer Tätigkeit.

➔ Erwerbstätigkeit, ➔ Halbteilungsgrundsatz

Einstweilige Anordnungen

Das ➔ Familiengericht kann, wenn eine ➔ Ehesache anhängig ist (➔ Rechtshängigkeit), auf Antrag eine einstweilige Anordnung zur Regelung folgender Fragen erlassen (§ 620 ff. ZPO):

❶ ➔ elterliche Sorge für ein gemeinsames Kind (§ 620 Nr. 1 ZPO),

❷ Umgang eines Elternteils mit dem Kind (➔ Umgangsrecht; § 620 Nr. 2 ZPO),

❸ Herausgabe des Kindes an den anderen Elternteil (§ 620 Nr. 3 ZPO),

❹ ➔ Unterhaltspflicht gegenüber einem minderjährigen Kind (➔ Kindesunterhalt; § 620 Nr. 4 ZPO),

❺ ➔ Getrenntleben der Ehegatten (§ 620 Nr. 5 ZPO),

❻ ➔ Unterhalt eines Ehegatten (➔ Nachehelicher Unterhalt; § 620 Nr. 6 ZPO),

❼ Benutzung der Ehewohnung (➔ Wohnungszuweisung) und des ➔ Hausrats (§ 620 Nr. 7 ZPO),

❽ Herausgabe oder Benutzung der zum persönlichen Gebrauch eines Ehegatten oder eines Kindes bestimmten Sachen (§ 620 Nr. 8 ZPO),
❾ Verpflichtung zur Leistung eines Kostenvorschusses für die Ehesachen und ➔ Folgesachen (➔ Prozesskostenvorschuss; § 620 Nr. 9 ZPO).

Voraussetzung für eine einstweilige Anordnung ist ein Antrag eines Ehegatten und die Anhängigkeit einer Ehesache. Der Beschluss ergeht als einstweilige Anordnung und ist ein Vollstreckungstitel. ➔ Rechtsmittel gegen einen solchen Beschluss sind nur eingeschränkt möglich, jedoch kann jederzeit ein Antrag auf Aufhebung oder Änderung gestellt werden (§ 620b ZPO). Die sofortige ➔ Beschwerde an das ➔ Oberlandesgericht (§ 620c ZPO) ist nur bei Regelung der elterlichen Sorge oder des Umgangs mit dem Kind und dessen Herausgabe sowie der Benutzung der Ehewohnung (➔ Wohnungszuweisung) und des Hausrats möglich.

Während mit der ➔ einstweiligen Verfügung grundsätzlich nur der Notunterhalt bis zur Dauer von sechs Monaten geregelt wird, gibt es bei der einstweiligen Anordnung diese Beschränkungen nicht. Die einstweilige Anordnung in diesem Zusammenhang kann aber nur beantragt werden, wenn ein Scheidungsverfahren anhängig ist. Sie hat im Übrigen die Besonderheit, dass es dagegen praktisch kein Rechtsmittel gibt, sondern nur den Antrag auf mündliche Verhandlung.

Einstweilige Verfügung wegen Unterhalts

Die allgemeine einstweilige Verfügung in ➔ Familiensachen (§ 935 ff. ZPO) dient der vorläufigen Durchsetzung von Unterhaltsansprüchen (➔ Unterhalt) bis zur ➔ Rechtshängigkeit einer ➔ Ehesache und nach Abschluss des Scheidungsverfahrens (➔ Ehescheidung). Zuständig ist das ➔ Familiengericht, bei dem die Hauptsache, nämlich der ordentliche Unterhaltsprozess, anhängig ist oder anhängig werden könnte (§ 937 Abs. 1, § 943 Abs. 1 ZPO; ➔ „Nichteheliches" Kind).

Das Familiengericht kann ohne mündliche Verhandlung durch Beschluss entscheiden (§ 937 Abs. 2 ZPO). Gegen den Verfügungsbeschluss kann der Antragsgegner Widerspruch erheben (§ 924 ZPO; ➔ Rechtsmittel). Daraufhin muss das Gericht eine mündliche Verhandlung anberaumen. Nach der mündlichen Verhandlung erfolgt eine Entscheidung durch Urteil. Dagegen kann ➔ Berufung beim ➔ Oberlandesgericht eingelegt werden.

Neben dem einstweiligen Verfügungsverfahren kann das normale Klageverfahren auf ➔ Trennungsunterhalt betrieben werden (siehe auch ➔ einstweilige Anordnungen).

Die Besonderheit der einstweiligen Verfügung liegt in der Art ihrer Vollziehung. Die Einzelheiten sind streitig. Im Wesentlichen geht es darum, dass die einstweilige Verfügung der gegnerischen Partei zugestellt wird und der Unterhaltsgläubiger mit der Vollstreckung beginnen muss, und zwar innerhalb einer Frist von einem Monat (§ 929 ZPO). Wird die Monatsfrist nicht eingehalten, wird die einstweilige Verfügung hinfällig.

Einverständliche Scheidung

Die so genannte einverständliche Scheidung soll den Parteien Streitigkeiten vor Gericht sowie Kosten ersparen. Eine Kostenersparnis ergibt sich, wenn nur der antragstellende Ehegatte anwaltschaftlich vertreten ist und dessen Kosten gegebenenfalls geteilt werden (➔ Anwaltskosten). Voraussetzung für die einverständliche Scheidung ist, dass die Ehegatten ein Jahr getrennt leben (➔ Getrenntleben der Ehegatten) und beide die ➔ Ehescheidung beantragen oder der Antragsgegner der Scheidung zustimmt. Diese Zustimmung kann der Antragsgegner selbst zu gerichtlichem Protokoll erklären. Insoweit besteht kein ➔ Anwaltszwang (§ 1565 in Verbindung mit § 1566 Abs. 1 BGB; § 630 Abs. 2b ZPO). Bei der einverständlichen Scheidung müssen folgende Voraussetzungen gegeben sein:

❶ die Mitteilung, dass der andere Ehegatte der Scheidung zustimmt oder in gleicher Weise die Scheidung beantragen wird (§ 630 Abs. 1 Nr. 1 ZPO),

❷ die übereinstimmende Erklärung der Ehegatten, dass Anträge zur Übertragung der ➔ elterlichen Sorge und zur Regelung des Umgangs mit den Kindern (➔ Umgangsrecht) nicht gestellt werden, weil sich die Ehegatten über das Fortbestehen der Sorge und über den Umgang einig sind (§ 630 Abs. 1 Nr. 2 ZPO),

❸ die Einigung der Ehegatten über die Regelung der ➔ Unterhaltspflicht gegenüber Kindern (➔ Kindesunterhalt), die durch die Ehe begründete gesetzliche Unterhaltspflicht sowie die Rechtsverhältnisse an der Ehewohnung und am ➔ Hausrat (§ 630 Abs. 1 Nr. 3 ZPO).

Das Gericht soll dem Scheidungsantrag erst stattgeben, wenn die Ehegatten über die unter Ziff. 3 bezeichneten Gegenstände einen vollstreckbaren Schuldtitel herbeigeführt haben (§ 630 Abs. 3 ZPO). Die Bedeutung dieser Vorschrift ist umstritten, denn unabhängig davon wird die Ehe auf jeden Fall geschieden, wenn das Gericht durch Befragen der Parteien feststellt, dass die Ehe zerrüttet ist und die Parteien länger als ein Jahr getrennt leben. In der anwaltschaftlichen Praxis bedeutet das, dass ein Schuldtitel nicht vorzuliegen braucht.

Problematisch ist die vereinbarte Scheidung mit einem Anwalt in den Fällen, in denen ein Ehegatte für sich und/oder die Kinder Unterhalt fordert. Der Anwalt ist auch bei der vereinbarten Scheidung nur Interessenvertreter einer Partei, sodass er sich bei der Unterhaltsregelung in einem Interessenkonflikt befindet. Deshalb sollte in diesen Fällen die vereinbarte Scheidung

mit zwei Anwälten durchgeführt werden; die Anwälte können einen Anwaltsvergleich gemäß § 796c ZPO als vollstreckbaren Titel herbeiführen.
➔ Scheidungsfolgenvereinbarung

Elementarunterhalt

Der Elementarunterhalt dient der Deckung des laufenden Bedarfs. Dazu gehören im Wesentlichen alle regelmäßigen Aufwendungen für Wohnung, Ernährung, Kleidung, Bildung, Erholung, Freizeitgestaltung, Gesundheitsfürsorge, für geistige und kulturelle Interessen und für sonstige persönliche und gesellschaftliche Bedürfnisse. Davon zu unterscheiden sind der ➔ Mehrbedarf und der ➔ Sonderbedarf.
➔ Vorsorgeunterhalt

Elterliche Sorge

Grundsätze

„Die Eltern haben die Pflicht und das Recht, für das minderjährige Kind zu sorgen (elterliche Sorge). Die elterliche Sorge umfasst die Sorge für die Person des Kindes (Personensorge) und das Vermögen des Kindes (Vermögenssorge)“ (§ 1626 Abs. 1 BGB).
„Bei der Pflege und Erziehung berücksichtigen die Eltern die wachsende Fähigkeit und das wachsende Bedürfnis des Kindes zu selbstständigem verantwortungsbewusstem Handeln. Sie besprechen mit dem Kind, soweit es nach dessen Entwicklungszustand angezeigt ist, Fragen der elterlichen Sorge und streben Einvernehmen an. Zum Wohl des Kindes gehört in der Regel der Umgang mit beiden Elternteilen. Gleiches gilt für den Umgang mit anderen Personen, zu denen das Kind Bindungen besitzt, wenn ihre Aufrechterhaltung für seine Entwicklung förderlich ist“ (§ 1626 Abs. 2 und 3 BGB).

Nichtehelich geborenes Kind, Sorgeerklärungen

„Sind die Eltern bei der Geburt des Kindes nicht miteinander verheiratet, so steht ihnen die elterliche Sorge dann gemeinsam zu, wenn sie 1. erklären, dass sie die Sorge gemeinsam übernehmen wollen (Sorgeerklärungen), oder 2. einander heiraten. Im Übrigen hat die Mutter die elterliche Sorge“ (§ 1626a BGB; siehe ➔ Sorgeerklärungen).

Ausübung der elterlichen Sorge

„Die Eltern haben die elterliche Sorge in eigener Verantwortung und im gegenseitigen Einvernehmen zum Wohle des Kindes auszuüben. Bei Meinungsverschiedenheiten müssen sie versuchen sich zu einigen“ (§ 1627 BGB).

(Fortsetzung auf Seite 55)

Muster eines einverständlichen Scheidungsantrags (ohne Kinder)

Rechtsanwalt X-Stadt
Friedrich Advokat

An das
Amtsgericht/Familiengericht
X-Stadt X-Stadt, den

Antrag auf Scheidung der Ehe

der Frau Susanne Müller, kaufmännische Angestellte, wohnhaft Ottostraße 1, X-Stadt – Antragstellerin –
Verfahrensbevollmächtigter: Rechtsanwalt Friedrich Advokat, X-Stadt

gegen

Herrn Dieter Müller, kaufmännischer Angestellter, wohnhaft Friedrichstraße 1, X-Stadt – Antragsgegner –

Namens und mit anliegender Vollmacht der Antragstellerin beantrage ich die am 18. 10. 1974 vor dem Standesbeamten in X-Stadt unter der Register-Nr. 356/1974 geschlossene Ehe der Parteien zu scheiden.
Vorläufiger Gegenstandswert: 20 000 DM. Ich zahle 945 DM in Gerichtskostenmarken ein und bitte um alsbaldige Zustellung des Scheidungsantrags.

Begründung

I.

Die Eheleute haben, wie im Antrag angegeben, am 18. 10. 1974 vor dem Standesbeamten in X-Stadt die Ehe geschlossen.
Beweis: Vorlage der Heiratsurkunde, in Fotokopie beigefügt
Die Ehegatten haben beide die deutsche Staatsangehörigkeit.
Das angerufene Familiengericht ist zuständig, weil die Ehegatten ihren letzten gemeinsamen gewöhnlichen Aufenthalt im Bezirk des angerufenen Gerichtes hatten.

Die Ehegatten haben zwei gemeinsame Kinder, die aber volljährig sind. Es sind keine weiteren Familiensachen im Sinne des § 621 ZPO anhängig.
Beweis für alles Vorstehende: Parteivernehmung

II.

Die Antragstellerin begehrt die Scheidung. Die Ehegatten hatten sich vor über einem Jahr, nämlich am … (anlässlich der gescheiterten gemeinsamen Urlaubsreise) getrennt, und zwar ist der Antragsgegner aus der ehelichen Wohnung ausgezogen und wohnt seitdem unter der angegebenen Adresse. Beide Ehegatten sind seit Beginn des Getrenntlebens nicht mehr bereit, die häusliche Gemeinschaft und die eheliche Lebensgemeinschaft wieder herzustellen.
Beweis: Parteivernehmung

III.

Beide Ehegatten beabsichtigen die Ehescheidung. Der andere Ehegatte wird ebenfalls die Scheidung beantragen bzw. ihr zustimmen.
Über die Folgen der Scheidung haben sich die Ehegatten geeinigt. Sie verzichten wechselseitig auf Unterhalt. Die Antragstellerin übernimmt die eheliche Wohnung. Der Hausrat ist geteilt. Da minderjährige Kinder nicht vorhanden sind, sind weitere Regelungen nicht erforderlich.
Die Ehegatten haben eine schriftliche Scheidungsfolgenvereinbarung abgeschlossen.
Beweis: Scheidungsfolgenvereinbarung, in Fotokopie beigefügt
Da der andere Ehegatte, wie oben ausgeführt, ebenfalls die Scheidung wünscht bzw. ihr zustimmt, ist die Ehe gemäß der unwiderlegbaren Vermutung des § 1566 BGB als gescheitert zu betrachten und demzufolge antragsgemäß zu scheiden.

IV.

Es wird noch bemerkt, dass der gesetzliche Versorgungsausgleich durchgeführt werden soll.
Alternativ:
Die Ehegatten haben wechselseitig auf die Durchführung des Versorgungsausgleiches notariell verzichtet und bitten hinsichtlich dieses Verzichtes um die Genehmigung des Gerichts.

2 beglaubigte Abschriften anbei

Rechtsanwalt

Muster einer Scheidungsfolgenvereinbarung bei einverständlicher Scheidung

Vereinbarung

zwischen
Frau Susanne Müller, Ottostraße 1, X-Stadt,
vertreten durch Rechtsanwalt Friedrich Advokat, X-Stadt

und

Herrn Dieter Müller, Friedrichstraße 1, X-Stadt

Die Eheleute Müller schließen für den Fall der Scheidung ihrer Ehe folgende Vereinbarung:

I.

Die Ehegatten verzichten wechselseitig auf Unterhalt und Unterhaltsbeiträge für Vergangenheit und Zukunft, auch für den Fall der Not.

II.

Die frühere eheliche Wohnung ist von Frau Müller übernommen worden. Sie verpflichtet sich, Herrn Müller von allen Verpflichtungen aus dem Mietvertrag freizustellen. Aufgrund der vorausgegangenen Besprechung mit dem Hauseigentümer soll der bisherige gemeinsame Mietvertrag beendet und von Frau Müller ein eigener Mietvertrag über die Wohnung im Hause Ottostraße 1 in X-Stadt abgeschlossen werden.

III.

Die Ehegatten haben in der Zwischenzeit einverständlich den Hausrat geteilt.

IV.

Herr Müller behält den Pkw mit dem amtlichen Kennzeichen XX – XX 32 und übernimmt zum Ausgleich dafür die gemeinsamen Schulden bei der X-Bank in Höhe von ca. 10 000 DM. Er verpflichtet sich, Frau Müller von allen Verbindlichkeiten aus diesem Kredit gegenüber der X-Bank freizustellen. Weitere gemeinsame Schulden haben die Parteien nicht.
Ein Zugewinnausgleich kommt nicht in Betracht, sodass mit Scheidung der Ehe alle gemeinsamen finanziellen Angelegenheit der Ehegatten erledigt sind.

V.

Die Ehegatten gehen davon aus, dass im Scheidungsverfahren nur Rechtsanwalt Advokat für Frau Susanne Müller tätig wird. Die Kosten des Scheidungsverfahrens und dieser Vereinbarung werden im Innenverhältnis geteilt.

Ort, Datum, Unterschriften

Meinungsverschiedenheiten

„Können sich die Eltern in einer einzelnen Angelegenheit oder in einer bestimmten Art von Angelegenheiten von elterlicher Sorge, deren Regelung für das Kind von erheblicher Bedeutung ist, nicht einigen, so kann das Familiengericht auf Antrag eines Elternteils die Entscheidung einem Elternteil übertragen. Die Übertragung kann mit Beschränkungen oder mit Auflagen verbunden werden" (§ 1628 BGB).

Gesetzliche Vertretung

„Die elterliche Sorge umfasst die Vertretung des Kindes. Die Eltern vertreten das Kind gemeinschaftlich; ist eine Willenserklärung gegenüber dem Kind abzugeben, so genügt die Abgabe gegenüber einem Elternteil. Ein Elternteil vertritt das Kind allein, soweit er die elterliche Sorge allein ausübt oder ihm die Entscheidung nach § 1628 übertragen ist [siehe vorstehenden Abschnitt über Meinungsverschiedenheiten]. Bei Gefahr im Verzug ist jeder Elternteil dazu berechtigt, alle Rechtshandlungen vorzunehmen, die zum Wohl des Kindes notwendig sind; der andere Elternteil ist unverzüglich zu unterrichten … Steht die elterliche Sorge für ein Kind den Eltern gemeinsam zu, so kann der Elternteil, in dessen Obhut sich das Kind befindet, Unterhaltsansprüche des Kindes gegen den anderen Elternteil geltend machen …" (§ 1629 Abs. 1 und 2 Satz 1 und 2 BGB).

Solange die verheirateten Eltern getrennt leben (➔ Getrenntleben der Ehegatten) oder eine ➔ Ehesache zwischen ihnen anhängig ist (➔ Rechtshängigkeit), sind die Unterhaltsansprüche des Kindes (➔ Kindesunterhalt) gegen den anderen Elternteil nur im eigenen Namen geltend zu machen, danach im Namen des Kindes (§ 1629 Abs. 3 BGB).

Bestellung eines Pflegers, Familienpflege

„Die elterliche Sorge erstreckt sich nicht auf die Angelegenheiten des Kindes, für die ein Pfleger bestellt ist. Steht die Personensorge oder die Vermögenssorge einem Pfleger zu, so entscheidet das Familiengericht, falls sich die Eltern und der Pfleger in einer Angelegenheit nicht einigen können, die sowohl die elterliche Sorge als auch das Vermögen des Kindes betrifft“ (§ 1630 BGB; ➔ Familienpflege, ➔ Pflegekinder).

Personensorge, Verbot entwürdigender Maßnahmen

„Die Personensorge umfasst insbesondere die Pflicht und das Recht, das Kind zu pflegen, zu erziehen, zu beaufsichtigen und seinen Aufenthalt zu bestimmen. Entwürdigende Erziehungsmaßnahmen, insbesondere körperliche und seelische Misshandlungen, sind unzulässig …“ (§ 1631 BGB; ➔ Züchtigungsverbot).

Ausbildung und Beruf

„In Angelegenheiten der Ausbildung und des Berufes nehmen die Eltern insbesondere auf Eignung und Neigung des Kindes Rücksicht. Bestehen Zweifel, so soll der Rat eines Lehrers oder einer anderen geeigneten Person eingeholt werden“ (§ 1631a BGB).

Freiheitsentziehung

„Eine Unterbringung des Kindes, die mit Freiheitsentziehung verbunden ist, ist nur mit Genehmigung des Familiengerichts zulässig“ (§ 1631b Satz 1 BGB).

Sterilisation

„Die Eltern können nicht in eine Sterilisation des Kindes einwilligen“ (§ 1631c Satz 1 BGB).

Herausgabe des Kindes

„Die Personensorge umfasst das Recht, die Herausgabe des Kindes von jedem zu verlangen, der es den Eltern oder einem Elternteil widerrechtlich vorenthält. Die Personensorge umfasst ferner das Recht, den Umgang des Kindes auch mit Wirkung für und gegen Dritte zu bestimmen“ (§ 1632 Abs. 1 und 2 BGB; ➔ Umgangsrecht).

Einschränkungen der Vermögenssorge

„Die Vermögenssorge erstreckt sich nicht auf das Vermögen, welches das Kind von Todes wegen erwirbt oder welches ihm unter Lebenden unentgeltlich zugewendet wird, wenn der Erblasser durch letztwillige Verfügung bei der Zuwendung bestimmt hat, dass die Eltern das Vermögen nicht verwalten sollen“ (§ 1638 BGB).
Sehr wichtig ist diese Bestimmung beispielsweise für Großeltern, die ihren Enkeln etwas zukommen lassen oder vererben wollen, aber befürchten, dass ihre Kinder und insbesondere Schwiegerkinder das Vermögen nicht bestimmungsgemäß verwenden.

Vermögensverzeichnis

„Die Eltern haben das ihrer Verwaltung unterliegende Vermögen, welches das Kind von Todes wegen erwirbt, zu verzeichnen, das Verzeichnis mit der Versicherung der Richtigkeit und Vollständigkeit zu versehen und dem Familiengericht einzureichen", soweit der Wert 30 000 DM übersteigt (§ 1640 BGB).

Elterliche Sorge nach Trennung der Eltern

„Leben Eltern, denen die elterliche Sorge gemeinsam zusteht, nicht nur vorübergehend getrennt, so kann jeder Elternteil beantragen, dass ihm das Familiengericht die elterliche Sorge oder einen Teil der elterlichen Sorge allein überträgt.
Dem Antrag ist stattzugeben, soweit
1. der andere Elternteil zustimmt, es sei denn, dass das Kind das vierzehnte Lebensjahr vollendet hat und der Übertragung widerspricht, oder
2. zu erwarten ist, dass die Aufhebung der gemeinsamen Sorge und die Übertragung auf den Antragsteller dem Wohl des Kindes am besten entspricht" (§ 1671 Abs. 1 und 2 BGB).
Zu den Befugnissen des Elternteils, bei dem sich das Kind aufhält, siehe ➔ Entscheidungsrecht bei gemeinsamer elterlicher Sorge von getrennt lebenden Eltern.

Sorgerechtsübertragung beim nichtehelichen Kind

„Leben die [nicht miteinander verheirateten] Eltern nicht nur vorübergehend getrennt und steht die elterliche Sorge … der Mutter [des nichtehelichen Kindes] zu, so kann der Vater mit Zustimmung der Mutter beantragen, dass ihm das Familiengericht die elterliche Sorge oder einen Teil der elterlichen Sorge überträgt. Dem Antrag ist stattzugeben, wenn die Übertragung dem Wohl des Kindes dient" (§ 1672 Abs. 1 BGB).

Dem nichtehelichen Vater kann also das Sorgerecht für sein Kind übertragen werden, jedoch nur mit der Zustimmung der Mutter.
➔ Gemeinsames Sorgerecht, ➔ Kindeswohl, ➔ Schutz des Kindes

Elternunterhalt

Das Problem des Elternunterhaltes tritt in den letzten Jahren immer häufiger auf, weil häufig alte Menschen in Altenheimen untergebracht sind, deren Kosten so hoch sind, dass ihre Renten zur Kostendeckung nicht ausreichen. Die Pflegeversicherung bringt zwar eine gewisse Entlastung, trotzdem müssen in vielen Fällen – meist über das Sozialamt – die Kinder zur Finanzierung der Heimkosten der Eltern herangezogen werden. Diese Fälle sind oft streitig,

zumal es bislang keine schematisierte Regelung gab. Erstmalig ist in der neuen ➔ Düsseldorfer Tabelle (zum 1. Juli 1998) die folgende Anmerkung aufgenommen worden:
„Angemessener Selbstbehalt gegenüber den Eltern: mindestens monatlich 2 250 DM (einschließlich 800 DM Warmmiete). Der angemessene Unterhalt des mit dem Unterhaltspflichtigen zusammenlebenden Ehegatten beträgt mindestens 1 750 DM (einschließlich 600 DM Warmmiete)."

Empfängniszeit

Als Empfängniszeit gilt die Zeit vom 300. (früher: 302.) bis zum 181. Tage vor der Geburt des Kindes, mit Einschluss sowohl des 300. als auch des 180. Tages. Steht fest, dass das Kind außerhalb dieses Zeitraums empfangen worden ist, gilt dieser abweichende Zeitraum als Empfängniszeit (§ 1600d Abs. 3 BGB).
➔ Vaterschaftsfeststellungsklage

Endvermögen

➔ Anfangsvermögen, ➔ Zugewinn

Entscheidungsrecht bei gemeinsamer elterlicher Sorge von getrennt lebenden Eltern

Leben Eltern, denen die ➔ elterliche Sorge gemeinsam zusteht, nicht nur vorübergehend getrennt, so ist bei Entscheidungen in Angelegenheiten, deren Regelung für das Kind von erheblicher Bedeutung ist, ihr gegenseitiges Einvernehmen erforderlich. Der Elternteil, bei dem sich das Kind aufhält, hat die Befugnis zur alleinigen Entscheidung in Angelegenheiten des täglichen Lebens. Dies sind in der Regel solche Entscheidungen, die häufig vorkommen und keine schwer abzuändernden Auswirkungen auf die Entwicklung des Kindes haben (§ 1687 Abs. 1 BGB).
Das ➔ Familiengericht kann die Befugnisse einschränken oder ausschließen, wenn dies zum Wohl des Kindes erforderlich ist (§ 1687 Abs. 2 BGB).
Beispiele für *Angelegenheiten von erheblicher Bedeutung* sind Wahl der Schulart und Schule, der Ausbildungsstätte, der Fächer und Fachrichtungen, Besprechungen mit Lehrern über gefährdete Versetzung, Entscheidung über Internatserziehung, Wahl der Lehre und Lehrstätte, Operationen (außer in Eilfällen), medizinische Behandlungen mit erheblichem Risiko, grundlegende Entscheidungen der Gesundheitsvorsorge, weiter die Grundentscheidung, bei welchem Elternteil das

Kind lebt, oder freiheitsentziehende Unterbringung, die Grundentscheidung des Umgangs sowie grundlegende Fragen der Art der Anlage von Kindervermögen und grundlegende Fragen der Verwendung.
Beispiele für *Angelegenheiten des täglichen Lebens* sind Entschuldigung im Krankheitsfall, Teilnahme an Sonderveranstaltungen, Notwendigkeit von Nachhilfe, unbedeutende Wahlmöglichkeiten im Rahmen des gewählten Ausbildungsganges (z. B. Wahlfächer, Schulchor usw.), die Behandlung leichterer Erkrankungen üblicher Art (z. B. Erkältungen), alltägliche Gesundheitsvorsorge und Routineimpfungen, weiter die Aufenthaltsbestimmung im Einzelnen (Wahl des Wohnsitzes, Teilnahme an Ferienlager, Besuch bei den Großeltern usw.), die Einzelentscheidungen im täglichen Umgang (z. B. Kontakte des Kindes zu den Nachbarn, Fernhalten eines unerwünschten Freundes) sowie vergleichsweise unbedeutende Geldangelegenheiten, z. B. ➔ Taschengeld.
➔ Gemeinsames Sorgerecht

Erlöschen des Unterhaltsanspruchs

Der Unterhaltsanspruch (➔ Verwandtenunterhalt, ➔ Unterhalt) erlischt mit dem ➔ Tod des Berechtigten oder des Verpflichteten, soweit er nicht für die Vergangenheit zu erfüllen ist (➔ Unterhalt für die Vergangenheit). Im Falle des Todes des Berechtigten hat der Verpflichtete die Kosten der Beerdigung zu tragen, soweit die Bezahlung nicht von den Erben zu erlangen ist (§ 1615 BGB).

Erwerbsobliegenheit

Kinder

Minderjährige, die jünger als 15 Jahre alt sind oder noch der Vollzeit-Schulpflicht unterliegen, dürfen aufgrund der Bestimmungen des Jugendarbeitsschutzgesetzes nicht beschäftigt werden und können daher ihren Bedarf (➔ Bedürftigkeit) nicht durch eigene ➔ Erwerbstätigkeit decken. Falls Kinder ausnahmsweise arbeiten, besteht keine Verpflichtung dazu. Gleichwohl erzieltes Einkommen, z. B. durch Schülerarbeit, Nachhilfeunterricht, Austragen von Zeitungen usw., stammt aus ➔ unzumutbarer Tätigkeit und ist grundsätzlich nicht anzurechnen.
Jedes Kind hat das Recht auf eine angemessene Ausbildung, damit es später seinen Unterhalt selbst durch eigene Erwerbstätigkeit verdienen kann. Während der Ausbildung ist das Kind unterhaltsbedürftig; zu seinem regelmäßigen Bedarf kommen auch die Kosten der Ausbildung, z. B. Schulgeld, Fahrtkosten zur Ausbildungsstätte usw., hinzu (§ 1610 Abs. 2 BGB). Das Kind ist verpflichtet, sich ausbilden zu lassen. Kommt es dieser Obliegenheit nicht nach, müssen die Eltern versuchen,

solange das Kind minderjährig ist, durch Erziehungsmaßnahmen einzuwirken. Hat das Kind das Elternhaus bereits verlassen, kann es trotz der Minderjährigkeit darauf verwiesen werden, seinen Unterhalt durch eigene Erwerbstätigkeit sicherzustellen. Ein minderjähriges Kind ist auch dann zur Erwerbstätigkeit verpflichtet, wenn es nicht mehr schulpflichtig ist und sich nicht ausbilden lässt.

Volljährige Kinder, die sich keiner Berufsausbildung unterziehen, sind grundsätzlich nicht unterhaltsbedürftig (➔ Unterhaltsbedarf). Das gilt auch dann, wenn sie zunächst ein Fach studieren, das nicht auf das Berufsziel bezogen ist (so genanntes Parkstudium).

Ein Volljähriger, der sich nicht in einer Berufsausbildung befindet oder der nach Ausbildungsabschluss arbeitslos ist, soll für seinen Lebensunterhalt selbst aufkommen. An seine Erwerbsobliegenheit sind strenge Anforderungen zu stellen. Der gesunde Volljährige muss grundsätzlich jede Arbeitsmöglichkeit ausnutzen und auch berufsfremde Tätigkeiten und Arbeiten unter seiner gewohnten Lebensstellung annehmen. Das volljährige Kind muss gegebenenfalls auch eine von seinem Vater in dessen Geschäft angebotene Stelle annehmen.

Eine Tochter, die schwanger ist oder ein eigenes Kind betreut und deswegen nicht erwerbstätig sein kann, hat ausnahmsweise einen Unterhaltsanspruch gegen die Eltern (➔ Unterhalt, ➔ Kindesunterhalt). Die Eltern haften aber, solange ein Unterhaltsanspruch gegen den Vater des Kindes besteht, nur nachrangig bzw. nur bei Leistungsunfähigkeit des Kindesvaters (➔ Rangverhältnis der Unterhaltsberechtigten).

Trennungsunterhalt

Der Anspruch auf ➔ Trennungsunterhalt setzt die Bedürftigkeit des Berechtigten voraus. Die Kernfrage bei der Bedürftigkeit ist, ob der Berechtigte auf eine Erwerbstätigkeit verwiesen werden kann.

Zum Trennungsunterhalt heißt es dazu in § 1361 Abs. 2 BGB: „Der nicht erwerbstätige Ehegatte kann nur dann darauf verwiesen werden, seinen Unterhalt durch Erwerbstätigkeit selbst zu verdienen, wenn dies von ihm nach seinen persönlichen Verhältnissen, insbesondere wegen einer früheren Erwerbstätigkeit unter Berücksichtigung der Dauer der Ehe und nach den wirtschaftlichen Verhältnissen beider Ehegatten erwartet werden kann.“ Den getrennt lebenden Ehegatten trifft also in der Regel wegen des Interesses an der Erhaltung der ➔ Ehe eine schwächere Erwerbsobliegenheit, niemals eine schärfere als den geschiedenen; es kommt auf die Umstände des Einzelfalles an.

Eine Erwerbsobliegenheit entfällt bei Kinderbetreuung. Die Betreuung nicht gemeinsamer Kinder hindert beim Trennungsunterhalt die Verweisung auf eine Erwerbstätigkeit ebenso wie die Betreu-

ung gemeinsamer Kinder, denn solange die Ehe nicht geschieden ist, kommt es auf den Schutz der bisherigen Familienverhältnisse an.
Ohne Kinderbetreuung richtet sich die Erwerbsobliegenheit nach den sonstigen persönlichen Verhältnissen. Mit zunehmender Dauer der Trennung wird die Chance einer Wiederherstellung einer ehelichen Lebensgemeinschaft normalerweise geringer und die Anforderungen an die Erwerbsobliegenheiten steigen.

BEISPIEL

Die nicht berufstätige Ehefrau, die lange Jahre nur Haus und Kinder betreut hat, braucht sich im Fall der Trennung nicht sofort um eine Arbeitsstelle zu bemühen, jedenfalls so lange nicht, wie die Herstellung der früheren Familienverhältnisse möglich erscheint.

Nach der Scheidung (§ 1369 ff. BGB)

Die Erwerbsobliegenheit ist für den → nachehelichen Unterhalt grundsätzlich nicht anders zu beurteilen als für die Trennungszeit. Zwar wird die unterhaltsrechtliche Verantwortung mit der → Rechtskraft der → Ehescheidung abgeschwächt, diese Abschwächung betrifft aber in erster Linie den Berechtigten, dessen Eigenverantwortung in den Vordergrund tritt. Der Verpflichtete darf seine normale Erwerbstätigkeit nicht ohne hinreichende Gründe einschränken; es gelten aber nicht so strenge Maßstäbe wie im Falle der Unterhaltspflicht gegenüber minderjährigen Kindern. Der Verpflichtete muss daher nach unverschuldetem Arbeitsplatzverlust keine unterqualifizierten Tätigkeiten oder Aushilfsarbeiten übernehmen.
Eine Minderung der Leistungsfähigkeit durch Aufnahme eines Studiums braucht sich der unterhaltsberechtigte geschiedene Ehegatte grundsätzlich nicht gefallen zu lassen, wenn der Verpflichtete bereits eine Berufsausbildung hat. Anders kann es sein, wenn der Verpflichtete noch keine Berufsausbildung hat und die Durchführung des Studiums erst zu seiner dauerhaften Leistungsfähigkeit führen kann. Eine sonstige Zweitausbildung oder Weiterbildung, Umschulung oder Fortbildung muss ebenfalls nach den genannten Maßstäben hinter der Unterhaltspflicht zurücktreten. Einen Berufswechsel darf der Verpflichtete nur dann vornehmen, wenn er die Interessen des geschiedenen, unterhaltsberechtigten Ehegatten entsprechend berücksichtigt. Das Grundrecht der Berufsausübungsfreiheit (Art. 12 Grundgesetz) hat bei einem Berufswechsel nur dann Vorrang, wenn der Mindestbedarf des Berechtigten (→ Eigenbedarf) gesichert bleibt. Wirft eine neu aufgenommene selbstständige Tätigkeit auch nach zwei Jahren keinen Gewinn ab, muss wieder eine Angestelltentätigkeit übernommen werden.

Übernahme der Haushaltsführung in neuer Ehe

Der Verpflichtete muss bei der Rollenwahl in der neuen Ehe auf das Kindeswohl der ersteehelichen Kinder und das Wohl des ihnen gleichrangigen geschiedenen Ehegatten Rücksicht nehmen (➔ Hausmann/Hausfrau).
➔ Unzumutbare Tätigkeit

Erwerbstätigenbonus

Nach der ständigen Rechtsprechung des ➔ Bundesgerichtshofs und der ➔ Oberlandesgerichte ist beim ➔ Ehegattenunterhalt dem erwerbstätigen Ehegatten ein so genannter Erwerbstätigenbonus zuzubilligen (➔ Halbteilungsgrundsatz). Nach der ➔ Düsseldorfer Tabelle beträgt dieser ein Siebtel. Dieser Bonus soll sowohl ein Anreiz zur Steigerung der Berufstätigkeit als auch eine pauschale Abgeltung des mit der ➔ Erwerbstätigkeit verbundenen Aufwands darstellen. Er ist nicht zu verwechseln mit der pauschalen Abgeltung der ➔ berufsbedingten Aufwendungen (nach der Düsseldorfer Tabelle 5% des Nettoeinkommens).

Erwerbstätigkeit

Beide Ehegatten sind berechtigt, erwerbstätig zu sein. Bei der Wahl und Ausübung einer Erwerbstätigkeit haben sie auf die Belange des anderen Ehegatten und der Familie Rücksicht zu nehmen (§ 1356 Abs. 2 BGB; ➔ Haushaltsführung).
Das Recht auf Erwerbstätigkeit steht unter der Schranke der Familienverträglichkeit; die äußerste Grenze ist die Gefährdung des ➔ Kindeswohls.

F

rung der Steuerbelastung beiden Unterhaltsparteien zugute. Soweit der Arbeitgeber Fahrtkosten erstattet, können sie in diesem Umfang nicht vom ➔ Einkommen abgesetzt werden.

Fahrtkosten

Bei den ➔ berufsbedingten Aufwendungen sind die Fahrtkosten für die Fahrten zwischen Wohnung und Arbeitsstätte zu berücksichtigen. Benutzt der Unterhaltspflichtige öffentliche Verkehrsmittel, können die tatsächlichen Kosten in Ansatz gebracht werden. Beim Einsatz des eigenen Pkw werden pauschal entweder in Anlehnung an die Zeugengebühren 0,40 DM pro gefahrenem Kilometer oder in Anlehnung an die steuerliche Regelung 0,70 DM für den Doppelkilometer berechnet. Damit sind der Verbrauch, die Anschaffungskosten und die festen Kosten der Kfz-Haltung abgegolten. Raten für einen Pkw-Anschaffungskredit können daneben nicht abgezogen werden. Der Unterhaltspflichtige kann nicht generell auf öffentliche Verkehrsmittel verwiesen werden. Bei auffallend hohen Fahrtkosten und verminderter ➔ Leistungsfähigkeit kann aber eine Kürzung des Kilometergeldes oder eine Verweisung auf öffentliche Verkehrsmittel in Betracht kommen. Die steuerlichen Vorteile, die mit hohen Fahrtkosten verbunden sind, kommen indirekt durch die Minde-

Familiengericht

Das Familiengericht ist eine Abteilung des ➔ Amtsgerichts, die über ➔ Familiensachen entscheidet (§ 23b GVG, § 64k FGG). Allein das Familiengericht ist für Familiensachen zuständig (➔ Zuständigkeiten des Familiengerichts; § 606 ZPO). In verschiedenen Familiensachen, insbesondere in ➔ Ehesachen und den hiermit zusammenhängenden Scheidungsfolgesachen (➔ Scheidungsfolgen), besteht ➔ Anwaltszwang (§ 78 Abs. 2 ZPO). Gegen Entscheidungen des Familiengerichts sind ➔ Berufung und ➔ Beschwerde zum ➔ Oberlandesgericht, hiergegen eventuell ➔ Revision zum ➔ Bundesgerichtshof vorgesehen (➔ Rechtsmittel).

Familienpflege

Aufgrund der Kindschaftsrechtsreform (➔ Familienrecht) ist die neue Vorschrift von § 1688 BGB eingefügt worden. In der Vorschrift geht es um ➔ Pflegekinder: „Lebt ein Kind für längere Zeit in Familienpflege, so ist die Pflegeperson berechtigt, in Angelegenheiten des täglichen Lebens

zu entscheiden sowie den Inhaber der elterlichen Sorge in solchen Angelegenheiten zu vertreten. Sie [die Pflegeperson] ist befugt, den Arbeitsverdienst des Kindes zu verwalten sowie Unterhalts-, Versicherungs- und sonstige Sozialleistungen für das Kind geltend zu machen."
➔ Elterliche Sorge, ➔ Schutz des Kindes

Familienrecht

Unter Familienrecht versteht man die Zusammenfassung der gesetzlichen Bestimmungen über ➔ Ehe und Familie, Kinder, ➔ Adoption, Vormundschaft, Betreuung und Pflegschaft. Die grundlegenden Bestimmungen stehen im Bürgerlichen Gesetzbuch (§ 1297 bis 1921 BGB). Am 1. Juli 1998 ist eine Reihe einschneidender Änderungen des Familienrechts in Kraft getreten. Im Einzelnen handelt es sich um das Kindschaftsrechtsreformgesetz, das Gesetz zur Abschaffung der gesetzlichen ➔ Amtspflegschaft und Neuordnung des Rechts der ➔ Beistandschaft (Beistandschaftsgesetz), das Gesetz zur Vereinheitlichung des Unterhaltsrechts minderjähriger Kinder (Kindesunterhaltsgesetz; ➔ Kindesunterhalt) sowie das Gesetz zur Neuordnung des Eheschließungsrechts (Eheschließungsrechtsgesetz; ➔ Eheschließung). In ihrer Gesamtheit führen die genannten Gesetze zu einer grundlegenden Änderung des Familienrechts und des auf das Familienrecht bezogenen Verfahrensrechts der Zivilprozessordnung (ZPO), insbesondere des 6. Buches der ZPO, Verfahren in Familiensachen (§ 606 bis 660 ZPO), und des Gesetzes über die freiwillige Gerichtsbarkeit (FGG).
Der Kern dieser Gesetzesänderungen besteht darin, dass die ehelichen Kinder und die ➔ „nichtehelichen" Kinder gleichgestellt sind und dass auch den nicht verheirateten Eltern ein ➔ gemeinsames Sorgerecht zugestanden werden kann. Die gesamten Gesetzesänderungen werden unter dem Begriff Kindschaftsrechtsreform zusammengefasst.
Hinzuweisen ist außerdem auf das bereits am 1. April 1998 in Kraft getretene Gesetz zur erbrechtlichen Gleichstellung nichtehelicher Kinder (Erbrechtsgleichstellungsgesetz). Dieses Gesetz hat nur Änderungen im Erbrecht gebracht und wird deshalb hier nicht weiter berücksichtigt.

Familiensachen

Allein die ➔ Familiengerichte sind zuständig für Familiensachen (§ 606 ZPO; ➔ Zuständigkeiten des Familiengerichts). Der Katalog der Familiensachen ist im Zuge der umfassenden Änderungen des ➔ Familienrechtes zum 1. Juli 1998 erheblich erweitert worden. Familiensachen sind gemäß § 23b GVG:
❶ Ehesachen,
❷ die ➔ elterliche Sorge betreffende Verfahren,

❸ Verfahren über die Regelung des Umgangs mit einem Kind (➔ Umgangsrecht),
❹ Verfahren über die Herausgabe eines Kindes,
❺ Streitigkeiten über die gesetzliche ➔ Unterhaltspflicht, die durch die ➔ Verwandtschaft begründet ist (➔ Verwandtenunterhalt),
❻ Streitigkeiten über die gesetzliche Unterhaltspflicht, die durch die Ehe begründet ist (➔ Ehegattenunterhalt, ➔ Trennungsunterhalt, ➔ Nachehelicher Unterhalt),
❼ den ➔ Versorgungsausgleich betreffende Verfahren,
❽ Verfahren wegen Ehewohnung und ➔ Hausrat,
❾ Streitigkeiten aus ehelichem Güterrecht,
❿ Verfahren wegen ➔ Stundung des ➔ Zugewinnausgleichs und Vermögensübertragung (§ 1382 f. BGB),
⓫ Verfahren nach Sorgerechtsübereinkommen,
⓬ Kindschaftssachen,
⓭ Streitigkeiten über Ansprüche nach den Paragrafen 1615k bis 1615m BGB (➔ „Nichteheliches" Kind),
⓮ Verfahren nach den Paragrafen 1305 Abs. 2 bis 4, 1308 Abs. 2 und 1315 Abs. 1 Nr. 1 bis 5 BGB.

Neben dem Familiengericht gibt es bei den ➔ Amtsgerichten ein ➔ Vormundschaftsgericht.

Für den Laien ist manchmal schwer zu erkennen, ob eine Sache vor das Familiengericht oder vor das Vormundschaftsgericht gehört. Notfalls reicht man die Sache beim zuständigen Amtsgericht ein. Vom Gericht wird die Sache der Zivilabteilung, dem Familiengericht oder Vormundschaftsgericht zugeordnet. Eine Familiensache bekommt ein Aktenzeichen mit einem „F".

Familienunterhalt

Die Ehegatten sind verpflichtet, durch ihre Arbeit und mit ihrem Vermögen die Familie angemessen zu unterhalten. Ist einem Ehegatten die ➔ Haushaltsführung überlassen, so erfüllt er seine Verpflichtungen in der Regel durch die Führung des Haushaltes (§ 1360 BGB; ➔ Erwerbstätigkeit, ➔ Schlüsselgewalt).

Dieser Familienunterhalt soll den Lebensunterhalt der Ehegatten und der Kinder bei bestehender Lebensgemeinschaft sichern. Er spielt in der gerichtlichen Praxis keine Rolle und ist zu unterscheiden vom ➔ Trennungsunterhalt und dem ➔ nachehelichen Unterhalt.

➔ Unterhalt

Fiktives Einkommen

Sowohl beim Unterhaltsschuldner wie beim Unterhaltsberechtigten (➔ Unterhalt) sind fiktive Einkünfte aus unterlassener zumutbarer ➔ Erwerbstätigkeit oder

leichtfertig herbeigeführter Einkommensminderung dem tatsächlichen ➔ Einkommen hinzuzurechnen.
Es gilt der allgemeine Grundsatz, dass der Unterhaltsschuldner verpflichtet ist, zumutbare Einkünfte zu erzielen, insbesondere seine Arbeitsfähigkeit so gut wie möglich einzusetzen (➔ Erwerbsobliegenheit). Wenn er dieser Obliegenheit nicht nachkommt, muss er sich so behandeln lassen, als ob er ein solches Einkommen tatsächlich erzielt hätte.
Wer leichtfertig seinen Arbeitsplatz aufgibt oder ein geringeres Erwerbseinkommen erzielt, bleibt im bisherigen Umfang leistungspflichtig. Das gilt auch, wenn das Vermögen nicht so ertragreich wie möglich genutzt wird.
Gegenüber minderjährigen Kindern haben die Eltern nach § 1603 Abs. 2 BGB eine verstärkte ➔ Unterhaltspflicht und damit eine verstärkte Erwerbsobliegenheit (➔ Kindesunterhalt). So können die Eltern in gewissem Umfang zu Orts- und Berufswechsel gezwungen sein, das Recht auf freie Entfaltung der Persönlichkeit muss demgegenüber zurücktreten. Ein Hochschulstudium beispielsweise muss unterbleiben, wenn dadurch eine früher zumutbare Erwerbstätigkeit aufgegeben wird.
Es kommt in diesem Zusammenhang darauf an, ob der Unterhaltsschuldner sich verantwortungslos oder zumindest leichtfertig verhalten hat; die Beurteilung des Einzelfalles obliegt weitgehend dem richterlichen Ermessen.

Häufig kommt es zu Arbeitsplatzverlust infolge von Straftaten und Alkoholmissbrauch (➔ Alkoholismus). Hierbei handelt es sich zwar um verschuldete, aber nicht gewollte Leistungsunfähigkeit. Nach der Rechtsprechung ist hier die Vorwerfbarkeit auf schwerwiegende Fälle zu beschränken.

Fiktives Einkommen bei Selbstständigen

Wer sich selbstständig machen will und dadurch vorerst mit rückläufigem Einkommen zu rechnen hat, muss durch Rücklagen oder Kreditaufnahme seine ➔ Leistungsfähigkeit während der Übergangszeit sicherstellen. Er hat seinen Betrieb so zu führen, dass ein genügendes Einkommen erzielt wird, um seine bisherigen Unterhaltsverpflichtungen zu erfüllen. Ein selbstständiger Unternehmer, der nur Verluste erwirtschaftet, muss gegebenenfalls seinen Betrieb wieder aufgeben und eine abhängige Arbeit annehmen.
Bei Unterhaltsprozessen führen diese fiktiven Einkünfte oft zu heftigem Streit. Tatsächlich haben diese fiktiven Einkünfte meist keine praktischen Auswirkungen, und zwar aus folgendem Grund: Es nutzt dem Unterhaltsberechtigten wenig, wenn dem Unterhaltspflichtigen fiktive Einkünfte zugerechnet werden, die tatsächlich aber nicht vorhanden sind. Viele kleine Gewerbetreibende, insbesondere Gastwirte, „leben nur vom Verlust". Die Voll-

streckung geht ins Leere. Manchmal hilft allerdings eine ➔ Strafanzeige wegen Unterhaltsentziehung.

Folgesachen

Bei der ➔ Ehescheidung wird unterschieden zwischen Scheidungs- und Folgesachen (§ 623 ZPO; ➔ Scheidungsfolgen). Folgesachen in diesem Sinne sind beispielsweise

- Geltendmachen des ➔ Versorgungsausgleichs,
- Klärung des ➔ Umgangsrechts des nicht sorgeberechtigten Elternteils (➔ Elterliche Sorge),
- Herausgabe der Kinder,
- ➔ Kindesunterhalt (für minderjährige Kinder),
- Geschiedenenunterhalt (➔ Nachehelicher Unterhalt),
- Ehewohnung und Hausratsteilung (➔ Wohnungszuweisung, ➔ Hausratsverfahren),
- ➔ Zugewinnausgleich.

Folgesachen können auf Antrag beim Versorgungsausgleich von Amts wegen gleichzeitig und zusammen mit der Scheidungssache im Verbund, d. h. in einem einheitlichen Verfahren (so genannten ➔ Verbundverfahren) verhandelt und entschieden werden (§ 623 ZPO). Die wirtschaftlichen Folgen der Scheidung werden so zusammen geklärt und gleichzeitig mit dem Scheidungsausspruch geregelt. Ansonsten müssten für die Folgesachen mehrere einzelne Verfahren durchgeführt werden.

Keine Folgesache ist der Anspruch auf ➔ Trennungsunterhalt für die Zeit des ➔ Getrenntlebens vor Einreichung des Scheidungsantrags, weil er vor der Scheidung besteht und mit ➔ Rechtskraft der Scheidung erlischt.

➔ Abtrennung von Folgesachen

Formmangel bei Eheschließung

Eine formwidrig geschlossene ➔ Ehe ist aufhebbar (§ 1314 Abs. 1 BGB; ➔ Eheschließung). Die Aufhebung ist ausgeschlossen, wenn die Ehegatten nach der Eheschließung fünf Jahre, oder falls einer von ihnen vorher verstorben ist, bis zu dessen Tod, mindestens aber drei Jahre miteinander gelebt haben (§ 1315 Abs. 2 BGB; ➔ Aufhebungsverfahren).

➔ Ehenichtigkeit

Fortgesetzte Gütergemeinschaft

➔ Gütergemeinschaft

Freiheitsentziehung

➔ Elterliche Sorge

G

Gebührentabelle

→ Rechtsanwaltsgebührenordnung

Gegenstandswert

→ Streitwert

Gemeinsames Sorgerecht

Für die Dauer der → Ehe sowie nach Trennung der Ehegatten (→ Getrenntleben der Ehegatten) und deren Scheidung (→ Ehescheidung) steht nach neuem Recht das Sorgerecht für die gemeinsamen Kinder grundsätzlich beiden Eltern gemeinsam zu. Auch nicht miteinander verheiratete Eltern (→ Nichteheliche Lebensgemeinschaft) können mittlerweile ein gemeinsames Sorgerecht für ihre gemeinsamen → „nichtehelichen" Kinder begründen (§ 1626a BGB; → Elterliche Sorge, → Sorgeerklärungen).
Zu den Grundsätzen der Ausübung des gemeinsamen Sorgerechts bei getrennt lebenden Eltern siehe → Entscheidungsrecht bei gemeinsamer elterlicher Sorge von getrennt lebenden Eltern.
→ Kindeswohl, → Schutz des Kindes

Geschäftswert

→ Streitwert

Geschlechtsverkehr

Nach früherem Recht galt der Geschlechtsverkehr der Ehegatten grundsätzlich als Versöhnung, sodass die → Ehescheidung nicht mehr durchgeführt werden konnte. Nach jetzigem Recht kommt es in diesem Zusammenhang auf den Geschlechtsverkehr nicht mehr an. Für die Scheidung ist nur entscheidend, ob die Ehe zerrüttet ist. Die Zerrüttung wird vermutet bei ein- bzw. dreijährigem → Getrenntleben der Ehegatten.

Geschwister

→ Umgangsrecht

Gesetz zur Regelung von Härten im Versorgungsausgleich

Die Durchführung des ➔ Versorgungsausgleichs (§ 1587 ff. BGB) bereitet in manchen Fällen kaum vorstellbare Schwierigkeiten. Das hängt insbesondere damit zusammen, dass es in der Bundesrepublik eine Vielzahl von Versorgungseinrichtungen gibt, wie staatliche, berufsständische, betriebliche und private Rentenversicherungen, die alle unterschiedliche Satzungen haben. Deshalb ist eine einfache Ausgleichung der Rentenanwartschaften nicht möglich (➔ Splitting).

Ursprünglich sollte der Ausgleichspflichtige in derartigen Fällen für den Berechtigten neue Rentenansprüche durch Beitragszahlung begründen. Das hätte aber zu enormen Belastungen des Ausgleichspflichtigen geführt und ist deshalb für verfassungswidrig erklärt worden. Das Gesetz zur Regelung von Härten im Versorgungsausgleich aus dem Jahre 1983 gibt dem ➔ Familiengericht erweiterte Möglichkeiten zur Ausgleichung von verschiedenen Versorgungsanwartschaften. Eine Besonderheit ist § 10a, wonach sogar rechtskräftige Versorgungsausgleichs-Entscheidungen, die sich nachträglich als fehlerhaft herausstellen, auf Antrag vom Familiengericht geändert werden können.

➔ Abänderung von Entscheidungen des Versorgungsausgleichs

Gesetzliche Vertretung

➔ Elterliche Sorge

Getrenntleben der Ehegatten

Das so genannte Getrenntleben (von mindestens einjähriger Dauer) begründet die Zerrüttungsvermutung (§ 1566 BGB) und ist die grundsätzliche Voraussetzung für eine ➔ Ehescheidung (§ 1565 BGB).

„Die Ehegatten leben getrennt, wenn zwischen ihnen keine häusliche Gemeinschaft besteht und ein Ehegatte sie erkennbar nicht herstellen will, weil er die eheliche Lebensgemeinschaft ablehnt. Die häusliche Gemeinschaft besteht auch dann nicht mehr, wenn die Ehegatten innerhalb der ehelichen Wohnung getrennt leben" (§ 1567 Abs. 1 BGB; ➔ Wohnungszuweisung).

Das Getrenntleben bedarf keiner Vereinbarung. Die Ehegatten brauchen sich dafür auch nicht zerstritten zu haben, sondern es genügt, dass jeder Ehegatte für sich lebt. Von Notfällen abgesehen sorgt kein Ehegatte mehr für den anderen; jeder kocht und wäscht für sich. Bei einem Getrenntleben in einer Wohnung müssen notgedrungen Bad und Küche, eventuell auch der Fernseher gemeinsam genutzt werden. Es wird vor Gericht nicht danach gefragt, ob die Ehegatten noch ➔ Geschlechtsverkehr miteinander haben.

Ein Zusammenleben für kürzere Zeit, das der Versöhnung der Ehegatten dienen soll, unterbricht nicht die für die Scheidung erforderliche einjährige oder dreijährige Trennungsfrist (§ 1567 Abs. 2 BGB). So können die Ehegatten trotz Trennung noch gemeinsam in Urlaub fahren.
Die Ehegatten behalten grundsätzlich trotz Trennung und Scheidung die gemeinsame ➔ elterliche Sorge (➔ Gemeinsames Sorgerecht). Im Interesse des ➔ Kindeswohls müssen sie sich verständigen.

Grobe Unbilligkeit

➔ Ausschluss des Unterhaltsanspruchs bei grober Unbilligkeit

Großeltern

➔ Umgangsrecht

Gütergemeinschaft

Der vertragliche ➔ Güterstand der Gütergemeinschaft (§ 1415 ff. BGB) hat heute praktisch keine Bedeutung mehr und kommt nur noch im landwirtschaftlichen Bereich vor. Die rechtliche Handhabung ist kompliziert und die Risiken sind hoch.
Die Gütergemeinschaft unterscheidet drei Vermögensarten, nämlich das *Gesamtgut* (§ 1416 BGB), das *Sondergut* (§ 1417 BGB) und das *Vorbehaltsgut* (§ 1418 BGB). Das Vermögen, das beiden Ehegatten bereits bei der ➔ Eheschließung gehört, wird kraft Gesetzes Gesamtgut (Gesamthandsvermögen). Das Gleiche gilt für das Vermögen, das in der ➔ Ehe hinzuerworben wird.
Haben die Ehegatten durch Ehevertrag bestimmt, dass nur einer von ihnen die Verwaltung übernimmt, ist dieser allein zur Verfügung über das Gesamtgut berechtigt. Der nicht verwaltende Ehegatte ist von der Verwaltung grundsätzlich ausgeschlossen.
Die Gütergemeinschaft endet mit dem ➔ Tod eines Ehegatten. Für den Fall des Todes können die Ehegatten durch Ehevertrag vereinbaren, dass die Gütergemeinschaft zwischen dem überlebenden Teil und den gemeinschaftlichen Abkömmlingen weitergeführt wird (so genannte *fortgesetzte Gütergemeinschaft;* § 1483 ff. BGB). Diese Regelung dient der Erhaltung des Familienvermögens.
Nach Beendigung der Gütergemeinschaft findet die Auseinandersetzung über das Gesamtgut statt (§ 1471 BGB). Im Zuge der Auseinandersetzung sind zunächst die Verbindlichkeiten zu berücksichtigen. Der Überschuss wird sodann nach § 1476 f. BGB zu gleichen Teilen verteilt. Damit für den Fall der ➔ Ehescheidung nicht derjenige Ehegatte benachteiligt wird, der ein erhebliches Vermögen eingebracht hat, kann jeder Ehegatte zunächst den Wert des eingebrachten Vermögens zurückverlangen (§ 1478 BGB).

Güterrechtsregister

Das Güterrechtsregister ist ein öffentliches Register, das bei den ➔ Amtsgerichten geführt wird (§ 1548 ff. BGB). Eintragungsfähig sind Eheverträge, ➔ Güterstände sowie Beschränkungen und Ausschluss der ➔ Schlüsselgewalt. Die Eintragungen erfolgen nur auf Antrag und werden veröffentlicht. Jedermann kann Einsicht in das Register nehmen. Es besteht weder Eintragungspflicht noch ist die Eintragung Wirksamkeitsvoraussetzung für irgendeine güterrechtliche Regelung (anders als z. B. die Eintragungen ins Grundbuch). Das Güterrechtsregister hat deshalb keine praktische Bedeutung.

Güterstände

Das eheliche Güterrecht kennt zur Regelung der vermögensrechtlichen Beziehungen der Ehegatten den gesetzlichen Güterstand der ➔ *Zugewinngemeinschaft* (§ 1363 ff. BGB) und die beiden vertraglichen Güterstände der ➔ *Gütertrennung* (§ 1414 BGB) und der ➔ *Gütergemeinschaft* (§ 1415 ff. BGB).
Die früheren vertraglichen Güterstände der Errungenschaftsgemeinschaft und der Fahrnisgemeinschaft gelten nur noch für die vor dem 1. Juli 1958 geschlossenen Eheverträge.
Auf dem Gebiet der früheren DDR haben die Ehegatten bis zum 3. Oktober 1990 im gesetzlichen Güterstand der Eigentums- und Vermögensgemeinschaft (ähnlich der früheren Errungenschaftsgemeinschaft) gelebt. Dieser Güterstand ist jedoch, soweit die Ehegatten nichts anderes vereinbart haben, in die Zugewinngemeinschaft übergegangen (Art. 234 § 4 EGBGB).

Gütertrennung

Im ➔ Güterstand der Gütertrennung (§ 1414 BGB) gilt das Trennungssystem in seiner reinen Form. Wer Eigentümer der erworbenen Gegenstände oder des erworbenen Vermögens wird, richtet sich ausnahmslos nach den allgemeinen juristischen Vorschriften. Verfügungsbeschränkungen bestehen nicht. Ein Vermögensausgleich bei Beendigung des Güterstandes (➔ Zugewinnausgleich) findet nicht statt. Die allgemeinen eherechtlichen Vorschriften, insbesondere über ➔ Familienunterhalt und ➔ Schlüsselgewalt, sind jedoch anwendbar.
Der Eintritt der Gütertrennung setzt eine notarielle Vereinbarung der Eheleute voraus.

H

Halbteilungsgrundsatz

Es entspricht der ständigen Rechtsprechung des → Bundesgerichtshofs, dass beim → Ehegattenunterhalt jedem Ehegatten die Hälfte des verteilungsfähigen → Einkommens zuzubilligen ist. Die Ehegatten sollen grundsätzlich auch nach Trennung und → Ehescheidung den gleichen ehelichen Lebensstandard behalten. Bei der Halbteilung ist vom verteilungsfähigen Einkommen auszugehen, also vom → bereinigten Nettoeinkommen, und zwar der prägenden Einkünfte. Dem Berechtigten kann kein höherer → Unterhalt als die Hälfte des verteilungsfähigen Einkommens zugesprochen werden. Es gibt keine generellen Mindest- oder Höchstsätze. Ausnahmsweise kommt bei besonders hohen Einkünften eine Beschränkung in Betracht, wenn trotz hoher Ansprüche die Gelder nicht mehr sinnvoll für den Lebensbedarf ausgegeben werden können (so genannte Sättigungsgrenze). Dem Halbteilungsgrundsatz widerspricht es nicht, wenn dem Erwerbstätigen ein Bonus zugebilligt wird (→ Erwerbstätigenbonus). Nach der → Düsseldorfer Tabelle beträgt dieser ein 1/7. Das bedeutet, dass dem Unterhaltspflichtigen von seinem Erwerbseinkommen 4/7 verbleiben und der Berechtigte 3/7 erhält.
Bei Rentnern oder Personen, die ihr Einkommen aus Vermögen oder Wohnwert beziehen, gilt der Halbteilungsgrundsatz in Bezug auf das verteilungsfähige Einkommen in vollem Umfang, ohne Erwerbstätigenbonus.

Härteklausel

Ehegattenunterhalt

Beim → Ehegattenunterhalt gibt es die negative Härteklausel von § 1579 BGB (→ Ausschluss des Unterhaltsanspruchs bei grober Unbilligkeit).
Nach der positiven Härteklausel von § 1576 BGB kann ein geschiedener Ehegatte von dem anderen → Unterhalt verlangen, soweit und solange von ihm aus schwerwiegenden Gründen eine → Erwerbstätigkeit nicht erwartet werden kann und die Versagung von Unterhalt unter Berücksichtigung der Belange beider Ehegatten grob unbillig wäre (→ Erwerbsobliegenheit, → Nachehelicher Unterhalt).

Zugewinn

Auch der → Zugewinnausgleich kennt eine Härteklausel. Nach § 1381 BGB kann der Schuldner die Ausgleichspflicht verwei-

gern, soweit der Ausgleich des Zugewinns nach den Umständen des Falles grob unbillig wäre. Grobe Unbilligkeit kann insbesondere dann vorliegen, wenn der Ehegatte, der den geringen Zugewinn erzielt hat, längere Zeit hindurch die wirtschaftlichen Verpflichtungen aus der Ehe schuldhaft nicht erfüllt hat.
Zur Härteklausel im Zusammenhang der ➔ Ehescheidung siehe ➔ Ehegattenschutzklausel/Kinderschutzklausel, zum Zusammenhang mit dem ➔ Versorgungsausgleich siehe ➔ Ausschluss des Versorgungsausgleichs.

Haushaltsführung

Die Ehegatten regeln die Haushaltsführung in gegenseitigem Einvernehmen. Ist die Haushaltsführung einem der Ehegatten überlassen, so leitet dieser den Haushalt in eigener Verantwortung (§ 1356 Abs. 1 BGB).
Das frühere gesetzliche Leitbild war die Hausfrauenehe: Der Mann war berufstätig und verdiente den Lebensunterhalt, während die Frau Haus und Kinder betreute. Aufgrund der Gleichberechtigung hat der Gesetzgeber auf dieses Leitbild verzichtet. Die Ehegatten können jetzt ihre Aufgaben Beruf/Haushaltsführung einvernehmlich verteilen (➔ Erwerbstätigkeit).
Können sich die Ehegatten nicht verständigen, bleibt ihnen nur der Weg der Trennung und ➔ Ehescheidung. Der Familienrichter ist nicht berechtigt, den Ehegatten die Aufgabenverteilung vorzuschreiben.
➔ Schlüsselgewalt

Häusliches Arbeitszimmer

➔ Berufsbedingte Aufwendungen

Hausmann/Hausfrau

Bei ➔ Wiederheirat kann ein Ehegatte, der einem oder mehreren Kindern aus erster Ehe barunterhaltspflichtig ist, die ➔ Haushaltsführung in der neuen Ehe und die Kindesbetreuung der weiteren Kinder übernehmen. Es entspricht aber einhelliger Ansicht, dass ein solcher Hausmann bzw. eine solche Hausfrau dadurch von seiner/ihrer ➔ Unterhaltspflicht gegenüber minderjährigen Kindern aus einer früheren Ehe nicht entlastet wird.
Jeder Elternteil ist allen minderjährigen Kindern gleichrangig zum ➔ Unterhalt verpflichtet (➔ Rangverhältnis der Unterhaltsberechtigten). Deshalb muss auch der Hausmann (die Hausfrau) für die minderjährigen Kinder und gegebenenfalls sogar für den unterhaltsbedürftigen Ehegatten aus erster Ehe sorgen. Er ist allerdings nicht verpflichtet, das Haushalts- und Wirtschaftsgeld, das er von seinem neuen Ehegatten erhält, hierfür zu verwenden; jedoch muss er sein ➔ Taschengeld einsetzen. Im

Verhältnis zu den minderjährigen Kindern bleibt eine ➔ Erwerbsobliegenheit bestehen, sodass er zumindest eine Nebentätigkeit aufnehmen muss. Unterlässt der Verpflichtete eine ihm zumutbare ➔ Erwerbstätigkeit, so ist ihm ein ➔ fiktives Einkommen zuzurechnen.
Auf den Unterhaltsanspruch volljähriger Kinder sind diese Erwägungen nicht anzuwenden.

Hausrat

Unter dem Begriff Hausrat versteht man alle Gegenstände, die die Eheleute und ihre Kinder tatsächlich als Haushaltungsgegenstände verwenden, also gemeinsam benutzen, so die gesamte Wohnungseinrichtung mit allem Zubehör wie Wäsche, Bilder oder Gartengeräte. Umstritten ist, ob Einbauküchen Hausratsgegenstände sind. In jedem Fall sagen die Eigentumsverhältnisse nichts darüber aus, ob ein Gegenstand zum Hausrat gehört oder nicht. Auch Rechte können unter den Hausrat fallen, beispielsweise Ansprüche auf Versicherungsleistungen wegen Beschädigung von Hausratsgegenständen (➔ Hausratsverfahren/Hausratsteilung).
Vom Hausrat sind die Gegenstände zu unterscheiden, die einem einzelnen Ehegatten zu seinem persönlichen Gebrauch dienen, wie Kleidung, persönliche Papiere, Urkunden, Musikinstrumente oder die Einrichtung des häuslichen Arbeitszimmers. Streitig ist dies für eine Fotoausrüstung, Sportausrüstung usw.
Ebenfalls nicht zum Hausrat gehören besondere Wertgegenstände wie im Safe untergebrachte Goldmünzen, aber auch besonders wertvolle Bilder und Antiquitäten. Diese Gegenstände müssen im Rahmen des ➔ Zugewinns ausgeglichen werden (➔ Zugewinnausgleich).
Kraftwagen werden unterschiedlich behandelt. Werden sie nur beruflich oder überwiegend von dem einen Ehegatten benutzt, stellen sie keinen Hausrat dar. Werden sie dagegen von allen Familienmitgliedern genutzt, unterliegen sie der HausratsVO. Das Gleiche gilt für ein Wohnmobil oder einen Wohnwagen.

Hausratsverfahren/ Hausratsteilung

Die Verteilung des ➔ Hausrates richtet sich nach der HausratsVO vom 21. Oktober 1944, einer Vorschrift aus den letzten Kriegsjahren, als der Hausrat eine wichtige Rolle spielte. Heutzutage einigen sich die Ehegatten in der Regel ohne prozessuale Auseinandersetzung über die Verteilung des Hausrates. Wenn aber das Gericht angerufen wird, gilt die HausratsteilungsVO, die gegenüber den allgemeinen Vorschriften des BGB Vorrang hat. Für die gerichtliche Auseinandersetzung ist das ➔ Familiengericht zuständig (➔ Verbundverfahren, ➔ Einstweilige Anordnungen).

Für die richterliche Entscheidung, wie der Hausrat zu verteilen ist, kommt es zunächst auf die Eigentumsverhältnisse an, denn die HausratsVO unterscheidet zwischen dem Hausrat, der beiden Ehegatten gehört, und dem Hausrat, der im Alleineigentum eines Ehegatten steht (§ 8f. HausratsVO). Für den während der Ehe gemeinsam angeschafften Hausrat wird gemeinsames Eigentum angenommen. Diese Vermutung ist jedoch widerlegbar. Hausrat, der beiden Ehegatten gemeinsam gehört, wird vom Gericht „gerecht und zweckmäßig“ verteilt. Die zugeteilten Gegenstände gehen kraft richterlicher Entscheidung in das Alleineigentum des begünstigten Ehegatten über. Dieser Ehegatte kann zu einer Ausgleichszahlung verpflichtet werden (seltener Ausnahmefall). Gegenstände, die Alleineigentum eines Ehegatten sind, können auch dem anderen Ehegatten zugewiesen werden, wenn der Empfänger auf die Weiterbenutzung angewiesen ist und die Überlassung dem Eigentümer zugemutet werden kann (§ 9 HausratsVO).
Schulden, die mit dem Haushalt zusammenhängen (Alleinschulden oder Gesamtschulden), kann der Richter im Innenverhältnis ebenfalls einem der Ehegatten zuweisen. Das Außenverhältnis bleibt dadurch unberührt (§ 10 HausratsVO; ➔ Wohnungszuweisung).

Herausgabe des Kindes

➔ Elterliche Sorge, ➔ Umgangsrecht

Hinkende Ehe

Als hinkende Ehe wird eine ➔ Ehe bezeichnet, deren Gültigkeit in verschiedenen Staaten unterschiedlich beurteilt wird. Die ➔ Ehescheidung von Ausländern in ihrem Heimatstaat wird dabei grundsätzlich in der Bundesrepublik als rechtswirksam anerkannt. Hat jedoch einer der Ehegatten die deutsche Staatsangehörigkeit, so muss die ausländische Ehescheidung in der Bundesrepublik formell anerkannt werden.
Zuständig hierfür ist die Landesjustizverwaltung oder der Oberlandesgerichtspräsident.

I

J

Instanz

➔ Rechtszug

Irrtum

Früher war der wichtigste Aufhebungsfall für eine ➔ Ehe der Irrtum über die persönlichen Eigenschaften des anderen Ehegatten. Diese Irrtumsfälle ließen sich aber schwer abgrenzen von den enttäuschten Erwartungen eines Ehegatten, wenn er sich von den Eigenschaften des anderen Ehegatten ein falsches Bild gemacht hatte. Ein solcher Irrtum berechtigt heute nicht mehr zur Aufhebung der Ehe. Die Ehegatten können aber, falls diese Eigenschaften zum Scheitern der Ehe führen, die ➔ Ehescheidung zu beantragen (siehe auch ➔ Aufhebungsverfahren, ➔ Bewusstlosigkeit und Störung der Geistestätigkeit, ➔ Doppelehe, ➔ Ehenichtigkeit).

Jugendamt

Das Jugendamt ist der örtliche Träger der öffentlichen Jugendhilfe, es besteht grundsätzlich bei jedem Landkreis und jeder kreisfreien Stadt. Es ist mit allen Aufgaben in Bezug auf Kinder und Jugendliche betraut. Dazu gehört die Betreuung von Kindern und Jugendlichen und deren Eltern. Bisher war das elterliche Sorgerecht (➔ Elterliche Sorge) einer nicht verheirateten Mutter durch die ➔ Amtspflegschaft des Jugendamtes eingeschränkt. Das Jugendamt als Aufsichtsorgan und Amtspfleger sollte zusätzliche Verantwortung bei der Vaterschaftsfeststellung (➔ Vaterschaftsfeststellungsklage), Durchsetzung des ➔ Kindesunterhaltes sowie der Klärung erbrechtlicher und namensrechtlicher Fragen (➔ Namensrecht) übernehmen. Mit der Kindschaftsrechtsreform (➔ Familienrecht) ist diese gesetzliche Amtspflegschaft abgeschafft und durch die ➔ Beistandschaft des Jugendamtes ersetzt worden.

➔ Unterhaltsvorschuss

K

Kenntnis der eigenen Abstammung

In manchen Fällen kennt ein Kind seinen Vater nicht, weil die Mutter den Vater nicht kennt oder nicht nennen will oder die Mutter einer ➔ Vaterschaftsanerkennung nicht zustimmt und der leibliche Vater keine Feststellungsklage erhebt (➔ Vaterschaftsfeststellungsklage).
Das Kind hat aber ein Recht auf Kenntnis der eigenen ➔ Abstammung. Das hat das Bundesverfassungsgericht ausdrücklich bestätigt. Spätestens ab seiner Volljährigkeit hat es die Möglichkeit, selbst dieses Recht durchzusetzen. Zur Sicherung dieses Rechtes beginnt die Frist für die Anfechtung der Scheinvaterschaft erst dann, wenn das Kind von den mit seinem Vater zusammenhängenden Umständen erfahren hat, frühestens aber ab Volljährigkeit (➔ Vaterschaftsanfechtung).

Kindergeld

Das staatliche Kindergeld erhält, wer in der Bundesrepublik seinen Wohnsitz oder seinen gewöhnlichen Aufenthalt und mindestens für ein Kind zu sorgen hat. Ausländer erhalten das staatliche Kindergeld ebenfalls, wenn sie eine gültige Aufenthaltserlaubnis besitzen. Einzelheiten sind im Kindergeldgesetz geregelt.
Das Kindergeld beträgt seit Januar 1999 für das erste und zweite Kind 250 DM/Monat, für das dritte Kind 300 DM/Monat und für jedes weitere Kind 350 DM/Monat. Bei Arbeitnehmern ist die Auszahlung des Kindergeldes auf den Arbeitgeber verlagert. Arbeitgeber mit bis zu 50 Arbeitnehmern brauchen die Kindergeldzahlung nicht zu übernehmen. In diesem Fall und bei Kindergeldberechtigten, die nicht Arbeitnehmer sind, sind die Familienkassen (früher Kindergeldkassen des Arbeitsamtes) für das Kindergeld zuständig. Das Kindergeld ist steuerfrei.
Für jedes Kind wird nur einem Berechtigten das Kindergeld ausgezahlt. Entscheidend ist grundsätzlich, in wessen Haushalt das Kind lebt.
Das Kindergeld wird nur auf schriftlichen Antrag (mittels Vordruck) gewährt, gegebenenfalls sechs Monate rückwirkend. Bei Kindern bis zur Vollendung des 18. Lebensjahres müssen keine Ausbildungs- oder Einkommensnachweise vorgelegt werden. Bei Kindern über 18 Jahren gelten Beschränkungen.

Kindesunterhalt

Aufgrund der seit dem 1. Juli 1998 geltenden Kindschaftsrechtsreform (➔ Familienrecht) wird bei der Unterhaltsberechnung (➔ Unterhalt) kein Unterschied mehr zwischen ehelichen und ➔ „nichtehelichen" Kindern gemacht. Die Richtsätze für den Kindesunterhalt stehen in der ➔ Düsseldorfer Tabelle, und zwar für minderjährige und volljährige unverheiratete Kinder bis zur Vollendung des 21. Lebensjahres, die im Haushalt der Eltern oder eines Elternteils leben und sich in der allgemeinen Schulausbildung befinden. Von den Tabellensätzen ist jeweils das halbe ➔ Kindergeld abzuziehen.
Für volljährige Kinder sind keine Richtsätze angegeben, weil volljährige Kinder nur im Ausnahmefall Unterhalt von ihren Eltern beanspruchen können, nämlich solange sie sich in einer Berufsausbildung befinden oder sie bei Anlegung eines strengen Maßstabes, z. B. wegen Krankheit, nicht in der Lage sind, ihren Lebensunterhalt selbst aufzubringen (➔ Erwerbsobliegenheit).
➔ Mangelfälle

Berechnungsbeispiel siehe Seite 79

Kindeswohl

Die Zielsetzung aller familienrechtlichen Entscheidungen ist das Kindeswohl. Im neu geschaffenen Paragrafen 1697a BGB heißt es, dass das Gericht die Entscheidung zu treffen hat, „die unter Berücksichtigung der tatsächlichen Begebenheiten und Möglichkeiten sowie der berechtigten Interessen der Beteiligten dem Wohl des Kindes am besten entspricht".
➔ Schutz des Kindes, ➔ Umgangsrecht

Kindschaftsrechtsreform

➔ Familienrecht

Konfirmation/Kommunion

➔ Religiöse Kindererziehung, ➔ Sonderbedarf

Konkubinat

Konkubinat ist die heutzutage abwertende Bezeichnung für eine ➔ nichteheliche Lebensgemeinschaft, auch als „Wilde Ehe" oder „Ehe ohne Trauschein" bezeichnet.
➔ Onkelehe

BEISPIEL

Der Vater muss für zwei Kinder im Alter von 5 und 8 Jahren an die Mutter Unterhalt bezahlen. Die Mutter bekommt das Kindergeld mit 500 DM.

Nettoeinkommen des Vaters		4 000 DM
abzüglich 5% berufsbedingte Pauschale		200 DM
bereinigtes Nettoeinkommen		3 800 DM
für das 5-jährige Kind (5. Gruppe)	447 DM	
für das 8-jährige Kind (5. Gruppe)	543 DM	990 DM
abzüglich halbes Kindergeld	250 DM	
Vater zahlt an Mutter für Kinder	740 DM	2 810 DM
Wenn der Vater an die Mutter Unterhalt zahlen muss, hat diese hiervon 3/7 zu beanspruchen		1 204 DM
		1 606 DM

Dem Vater muss mindestens der → Selbstbehalt von 1 500 DM verbleiben (→ Leistungsfähigkeit). Da der → Bedarfskontrollbetrag der Düsseldorfer Tabelle unterschritten wird, ist der Kindesunterhalt nach einer niedrigeren Gruppe zu berechnen.

Nettoeinkommen des Vaters		4 000 DM
abzüglich 5% berufsbedingte Pauschale		200 DM
bereinigtes Nettoeinkommen		3 800 DM
für 5-jähriges Kind (2. Gruppe)	374 DM	
für 8-jähriges Kind (2. Gruppe)	454 DM	828 DM
abzüglich halbes Kindergeld	250 DM	
Vater zahlt an Mutter für Kinder	578 DM	2 972 DM
Wenn der Vater an die Mutter Unterhalt zahlen muss, hat diese hiervon 3/7 zu beanspruchen		1 273 DM
		1 699 DM

Bei dieser Berechnung erreicht der Vater ebenfalls nicht den Bedarfskontrollbetrag der Düsseldorfer Tabelle, jedoch ergibt sich eine etwas günstigere Verteilung insofern, als die Mutter jetzt 1 273 DM bekommt. Ihr Eigenbedarf beträgt 1 300 DM.

Kraftwagen

➔ Fahrtkosten, ➔ Hausrat

Krankheitskosten

➔ Sonderbedarf

Kreditkosten/Kreditraten

➔ Berücksichtigungsfähige Schulden

Künstliche Befruchtung

Die moderne Medizin macht es möglich, Paaren, die auf natürlichem Weg kein Kind miteinander zeugen können, durch künstliche Befruchtung (In-vitro-Fertilisation) dennoch zu einem Kind zu verhelfen.
Bei der *homologen Insemination* (ehelichen Besamung) wird die Frau vom Arzt mit dem Samen des Mannes befruchtet, mit dem sie verheiratet ist. Die Zuordnung des Kindes zu seinen biologisch richtigen Eltern ist in diesem Fall unproblematisch.
Bei der *heterologen Insemination* wird die Frau vom Arzt mit dem Sperma eines außerehelichen Spenders befruchtet, der oft nur dem Arzt bekannt ist. Möglich ist auch die Insemination mit einem Spermagemisch von mehr oder weniger anonymen Spendern. Diese Form bringt nicht nur moralische, sondern auch rechtliche Schwierigkeiten. Das aufgrund der heterologen Insemination geborene Kind ist tatsächlich nicht das Kind des Mannes, mit dem die Mutter verheiratet ist. Eine Ehelichkeitsanfechtung müsste also eigentlich Erfolg haben. Hatte der Mann der künstlichen Befruchtung seiner Frau jedoch zugestimmt, so hält die überwiegende Meinung eine Anfechtung für rechtsmissbräuchlich. Alle damit im Zusammenhang stehenden Fragen sind höchst umstritten (➔ Abstammung, ➔ Kenntnis der eigenen Abstammung, ➔ Mutter, ➔ Retortenbaby, ➔ Vater).

L

Landgericht

Landgericht ist das ordentliche Gericht, das im Gerichtsaufbau zwischen ➔ Amtsgericht und ➔ Oberlandesgericht steht. Es ist für Zivil- und Strafsachen Berufungsgericht gegen Urteile des Amtsgerichts (§ 72, 74 Abs. 3 GVG). Lediglich ➔ Familiensachen berühren das Landgericht nicht, sondern der diesbezügliche ➔ Rechtszug geht vom Amtsgericht (➔ Familiengericht) an das Oberlandesgericht. (➔ Befristete Beschwerde, ➔ Berufung, ➔ Rechtsmittel)

Leihmutterschaft

➔ Mutter, ➔ Retortenbaby

Leistungsfähigkeit des Unterhaltspflichtigen

Gegenüber Kindern (➔ Kindesunterhalt)

Voraussetzung für jede Unterhaltsverpflichtung (➔ Unterhaltspflicht) ist, dass der Unterhaltsschuldner leistungsfähig ist. Demgemäß ist nicht unterhaltspflichtig, wer bei Berücksichtigung seiner sonstigen Verpflichtungen, insbesondere seines eigenen angemessenen Bedarfs, außerstande ist, ➔ Unterhalt zu gewähren (§ 1603 Abs. 1 BGB). Gegenüber minderjährigen Kindern wird die Leistungsfähigkeit erweitert: Eltern sind ihren minderjährigen unverheirateten Kindern gegenüber verpflichtet, alle verfügbaren Mittel zu ihrem und dem Unterhalt der Kinder gleichmäßig zu verwenden. Man sagt, dass die Eltern mit ihren Kindern die letzte Schnitte Brot zu teilen haben. Die Neufassung des Gesetzes lautet: „Den minderjährigen unverheirateten Kindern stehen volljährige unverheiratete Kinder bis zur Vollendung des 21. Lebensjahres gleich, solange sie im Haushalt der Eltern oder eines Elternteils leben und sich in der allgemeinen Schulausbildung befinden“ (§ 1603 Abs. 2 BGB).

Die Opfergrenze ist der eigene angemessene Bedarf des Unterhaltspflichtigen, der so genannte *notwendige Eigenbedarf* (Selbstbehalt). Dieser beträgt nach der ➔ Düsseldorfer Tabelle gegenüber minderjährigen (und gleichgestellten voll-

jährigen Kindern bis zum 21. Lebensjahr) beim nicht erwerbstätigen Unterhaltspflichtigen monatlich 1 300 DM, beim erwerbstätigen Unterhaltspflichtigen monatlich 1 500 DM. Hierin sind 650 DM für Unterkunft einschließlich umlagefähiger Nebenkosten (Warmmiete) enthalten. Der Selbstbehalt kann angemessen erhöht werden, wenn dieser Betrag im Einzelfall erheblich überschritten wird und dies nicht vermeidbar ist.
Der *angemessene Eigenbedarf,* insbesondere gegenüber anderen volljährigen Kindern, beträgt in der Regel mindestens 1 800 DM. Darin ist eine Warmmiete bis 800 DM enthalten.

Gegenüber Ehegatten (➔ Ehegattenunterhalt)

Der monatliche notwendige Eigenbedarf (Selbstbehalt) gegenüber dem getrennt lebenden oder geschiedenen Berechtigten beträgt, wenn der Unterhaltspflichtige
❶ erwerbstätig ist, 1 500 DM,
❷ nicht erwerbstätig ist, 1 300 DM.
➔ Eigenbedarf (Existenzminimum)

Liebe

Dieser Begriff kommt in den heutigen Gesetzen nicht mehr vor. Im früheren Familiengesetzbuch der DDR hieß es in § 5: „Mit der Eheschließung begründen Mann und Frau eine für das Leben geschlossene Gemeinschaft, die auf gegenseitiger Liebe, Achtung und Treue und uneigennütziger Hilfe füreinander beruht" (➔ Eheschließung).

Lottogewinn

➔ Anfangsvermögen

M

Mangelfälle

Reicht das zur Verfügung stehende → Einkommen zur Deckung des Bedarfs des Unterhaltspflichtigen und der gleichrangig Unterhaltsberechtigten (→ Rangverhältnis der Unterhaltsberechtigten) nicht aus, so handelt es sich um einen Mangelfall, bei dem nach Abzug des notwendigen → Eigenbedarfs (→ Leistungsfähigkeit des Unterhaltspflichtigen) des Unterhaltspflichtigen die Verteilungsmasse prozentual zu verteilen ist (→ Düsseldorfer Tabelle, siehe auch Abschnitt C der Düsseldorfer Tabelle auf Seite 148).
→ Bedarfskontrollbetrag

Mediation

Mediation ist ein englisches Wort und bedeutet Vermittlung; der Mediator ist der Vermittler. Diese Vermittlung ist eine in den USA entwickelte Form zur außergerichtlichen und einvernehmlichen Lösung von Konflikten, vor allem im Fall der → Ehescheidung. Der Mediator hat keine Entscheidungsbefugnis, sondern ist nur Berater und Vermittler. Er tritt nicht vor Gericht auf; die gerichtliche Vertretung ist nur den Anwälten vorbehalten (→ Beratungshilfe, → Rechtsanwalt, → Anwaltszwang).
Die Mediation beruht auf Freiwilligkeit. Beide Parteien müssen bereit sein, ein solches Verfahren durchzuführen. Der Mediator muss neutral sein; er ist also im Gegensatz zum Anwalt kein einseitiger Interessenvertreter. Die Mediation ist kein gerichtliches Verfahren. Es ist aber möglich, das Ergebnis der Mediation in einen gerichtlichen Vergleich zu übernehmen.
Einen geeigneten Mediator findet man über die örtlichen und konfessionellen Familienberatungsstellen, das Jugendamt (nur in Bezug auf minderjährige Kinder) oder über die Bundesarbeitsgemeinschaft für Familienmediation (BAFM), Rathausplatz 25, 22926 Ahrensburg.
Die Mediation in einer öffentlichen oder konfessionellen Beratungsstelle ist in der Regel kostenlos bzw. es wird eine Spende erbeten, während die privat tätigen Mediatoren Gebühren verlangen.

Mehrbedarf

Neben dem Elementarbedarf kann bei Vorliegen besonderer Umstände ein regelmäßiger Mehrbedarf bestehen, der durch den → Elementarunterhalt nicht abgedeckt ist, so z. B. in Bezug auf den Krankenversicherungsschutz oder alters-, ausbildungs-, krankheits- und trennungsbedingte Mehrkosten (→ Sonderbedarf, → Trennungsunterhalt).

Meinungsverschiedenheiten

→ Elterliche Sorge

Minderjährigenhaftungsbeschränkungsgesetz

Das Minderjährigenhaftungsbeschränkungsgesetz ist seit dem 1. Januar 1999 in Kraft. Es geht zurück auf einen Beschluss des Bundesverfassungsgerichts aus dem Jahre 1986. Diesem Beschluss lag der Fall zugrunde, dass eine Mutter als gesetzliche Vertreterin ihre Kinder wirksam zur Eingehung von Verbindlichkeiten in Höhe von 851 000 DM verpflichten konnte. Das Bundesverfassungsgericht hat es als einen Verstoß gegen das allgemeine Persönlichkeitsrecht der Kinder angesehen, wenn diese als Folge der Vertretungsmacht ihrer Eltern mit erheblichen Schulden in die Volljährigkeit „entlassen“ werden.
§ 1629a BGB bestimmt Folgendes: „Die Haftung für Verbindlichkeiten, die die Eltern im Rahmen ihrer gesetzlichen Vertretungsmacht … durch Rechtsgeschäft oder eine sonstige Handlung mit Wirkung für das Kind begründet haben, … beschränkt sich auf den Bestand des bei Eintritt der Volljährigkeit vorhandenen Vermögens des Kindes … Beruft sich der volljährig Gewordene auf die Beschränkung der Haftung, so finden die für die Haftung der Erben geltenden Vorschriften der Paragrafen 1990, 1991 entsprechende Anwendung.“

Misshandlungsverbot

→ Züchtigungsverbot

Mutter

In der Vergangenheit war nie zweifelhaft, wer die Mutter eines Kindes ist. Infolge der Fortschritte der modernen Medizin eröffnen sich jedoch neue Möglichkeiten. Ein Kind braucht nicht mehr durch die direkte Befruchtung der Eizelle im Mutterleib zu entstehen, sondern die gebärende Mutter und die Trägerin des genetischen Erbgutes können verschiedene Personen sein („gespaltene Mutterschaft“). In Deutschland ist eine Ei- und Embryonen-Spende nach dem Embryonen-Schutzgesetz verboten und somit auch das Austragen eines Embryos durch eine fremde Frau (*Leihmutterschaft*).
Trotzdem kann sich der Fall ergeben, dass ein Kind durch eine Leihmutter – legal oder illegal – zur Welt gebracht wird. Der Gesetzgeber hat bestimmt, dass die Leihmutter die eigentliche Mutter ist, weil

sie das Kind geboren hat (§ 1591 BGB). Der Grund für diese gesetzliche Regelung besteht darin, dass zwischen der austragenden Mutter und dem Kind bereits durch die Schwangerschaft körperliche und psychosoziale Beziehungen entstanden sind, die Vorrang haben.

➔ Abstammung, ➔ Künstliche Befruchtung, ➔ „Nichteheliches" Kind, ➔ Retortenbaby

N

Nachehelicher Unterhalt

Der eigentliche Grund für die eheliche und die nacheheliche ➔ Unterhaltspflicht ist die von den Ehegatten gegenseitig übernommene Verantwortung. Während des Bestehens der ➔ Ehe (bis zur ➔ Rechtskraft der ➔ Ehescheidung) besteht eine gesteigerte Verantwortung der Eheleute füreinander (➔ Trennungsunterhalt). Diese Verantwortung ist nach der Scheidung abgeschwächt. Für die Zeit danach besteht grundsätzlich die Eigenverantwortung jedes Ehegatten für seinen Lebensunterhalt (§ 1569 BGB). Das Gesetz gewährt dem geschiedenen Ehegatten deshalb nur unter besonderen Voraussetzungen einen Anspruch auf nachehelichen Unterhalt (§ 1570 bis 1576 BGB).

Der nacheheliche Unterhalt beginnt mit dem Tag der Rechtskraft des Scheidungsurteils und erlischt ganz oder teilweise, wenn

- die Voraussetzungen eines Anspruchstatbestandes entfallen,
- der Berechtigte wieder heiratet oder stirbt (➔ Wiederheirat, ➔ Tod),

- der Anspruch zeitlich begrenzt worden ist (➔ Zeitliche Begrenzung) oder
- ein Verwirkungstatbestand gegeben ist (➔ Ausschluss des Unterhaltsanspruchs bei grober Unbilligkeit; § 1579 BGB).

Es gibt verschiedene Anspruchsvoraussetzungen für den nachehelichen Unterhalt.

Unterhalt wegen Betreuung eines gemeinschaftlichen Kindes

Nach § 1570 BGB kann ein Ehegatte Betreuungsunterhalt verlangen, solange und soweit von ihm wegen der Pflege und Erziehung eines gemeinschaftlichen Kindes eine ➔ Erwerbstätigkeit nicht erwartet werden kann. Der Betreuungsunterhalt ist ein Anspruch im Interesse des ➔ Kindeswohls.

Es ist eine ständige prozessuale Streitfrage, von welchem Alter des Kindes an eine zeitweilige oder ganztägige Erwerbstätigkeit vom betreuenden Elternteil verlangt werden kann (➔ Erwerbsobliegenheit).

Nach der Rechtsprechung ist eine Erwerbsobliegenheit unzumutbar während der ersten beiden Grundschuljahre, also bei Betreuung eines Kindes unter acht Jahren. Bei Kindern zwischen acht und elf Jahren lässt sich keine allgemeine Regel aufstellen. Es ist nach den konkreten Umständen des Einzelfalles zu klären und zu entscheiden, ob und in welchem Umfang bereits eine Erwerbsobliegenheit besteht. Bei Betreuung eines elf- bis vierzehnjährigen Kindes ist in der Regel eine Teilzeitbeschäftigung zumutbar, vor allem in den Vormittagsstunden, wenn das Kind die Schule besucht; ist das Kind fünfzehn bis sechzehn Jahre alt, kann der betreuende Elternteil in der Regel eine Vollzeitbeschäftigung aufnehmen bzw. eine bisherige Halbtagstätigkeit zur Ganztagstätigkeit ausweiten. Wenn zwei oder mehrere Kinder zu betreuen sind, ist eine eigene Erwerbstätigkeit nur in geringerem Maße zumutbar; bei zwei schulpflichtigen Kindern im Alter von elf bis fünfzehn Jahren kann eine Teilzeitbeschäftigung erforderlich werden, wenn die wirtschaftlichen Verhältnisse durch hohe ehebedingte Schulden beengt sind. Die Zumutbarkeit einer Erwerbstätigkeit kann in der Regel auch dann bejaht werden, wenn sie bereits während der Ehe trotz Kindesbetreuung ausgeübt wurde und lediglich in gleichem Umfang fortgesetzt wird.

Unterhalt wegen Alters

Nach § 1571 BGB ist anspruchsberechtigt, wer aus Altersgründen durch eine angemessene eigene Erwerbstätigkeit seinen Lebensbedarf nicht mehr decken kann. Bei kurzer Ehedauer (bis zu zwei Jahren) kann der Anspruch auf Altersunterhalt selbst dann herabgesetzt oder ausgeschlossen werden, wenn beide Ehegatten bei Eingehung der Ehe im Rentenalter waren (➔ Ausschluss des Unterhaltsanspruchs bei grober Unbilligkeit).

Der Gesetzgeber hat keine feste Altersgrenze gesetzt. Der ➔ Bundesgerichtshof hat beispielsweise offen gelassen, ob einer 50-jährigen Frau eines Professors noch eine eigene Berufstätigkeit zugemutet werden kann. In einem anderen Fall hat der Bundesgerichtshof einer 53-jährigen, bisher nicht berufstätigen Frau eines Betriebsleiters Altersunterhalt zugesprochen. Das Erreichen des Rentenalters stellt in der Regel die obere Altersgrenze dar; für freiberuflich Tätige gibt es keine Altersgrenzen. Wenn trotz Erreichen des Rentenalters freiwillig Erwerbseinkünfte erzielt werden, kommt es auf die ehelichen Lebensverhältnisse an.
Einsatzzeitpunkt für den Altersunterhalt ist die Scheidung oder die Beendigung der Pflege oder Erziehung eines gemeinschaftlichen Kindes.

Unterhalt wegen Krankheit oder Gebrechens

Nach § 1572 BGB besteht ein Unterhaltsanspruch wegen Krankheit, wenn und soweit wegen Krankheit oder Schwäche der körperlichen und geistigen Kräfte eine Erwerbstätigkeit nicht erwartet werden kann. Der Anspruch kann auch für eine bereits vor der Ehe ausgebrochene und im Zeitpunkt der Scheidung noch bestehende Erkrankung bestehen. Krankheit in diesem Sinne ist auch eine bis zur Krankheit gesteigerte Alkohol- und Tablettenabhängigkeit (➔ Alkoholismus). Der Kranke muss sich aber einer notwendigen ärztlichen Heilbehandlung unterziehen.

Unterhalt wegen Erwerbslosigkeit

Nach § 1573 Abs. 1 BGB kann Unterhalt wegen Erwerbslosigkeit verlangt werden, wenn der Berechtigte trotz notwendiger Bemühungen keine angemessene Erwerbstätigkeit finden kann. Der Anspruch endet mit der Aufnahme einer (ersten) angemessenen, zur Deckung des Unterhalts ausreichenden Erwerbstätigkeit nach der Scheidung. Geht der Berechtigte zwar einer angemessenen Teilzeitbeschäftigung nach, nicht aber einer ihm zumutbaren Vollzeitbeschäftigung, weil er noch keine solche Arbeit gefunden hat, hat er Anspruch auf den nicht gedeckten Teil seines ➔ Unterhaltsbedarfs.
Der geschiedene Ehegatte braucht nur eine ihm angemessene Erwerbstätigkeit auszuüben. Angemessen ist eine Erwerbstätigkeit, die der Ausbildung, den Fähigkeiten, dem Lebensalter und dem Gesundheitszustand des geschiedenen Ehegatten sowie den ehelichen Lebensverhältnissen entspricht (§ 1574 BGB; ➔ Unzumutbare Tätigkeit).
Bei der Arbeitsplatzsuche genügt nicht die Meldung beim Arbeitsamt, erforderlich sind darüber hinaus Zeitungsanzeigen, Vorstellungen, aktive Bewerbungen und der Nachweis entsprechender eigener Bemühungen (➔ Fiktives Einkommen,

BEISPIEL

Der Direktor eines Werkes lässt sich nach 20-jähriger Ehe scheiden. Seine Frau ist wieder als Sekretärin tätig. Berechnung nach der *Differenzmethode:*

Bereinigtes Nettoeinkommen des Ehemannes	10 000 DM
Bereinigtes Nettoeinkommen der Ehefrau	2 000 DM
Differenz	8 000 DM
Nach der Differenzmethode hätte die geschiedene Ehefrau hiervon 3/7 zu beanspruchen	3 428 DM

Berechnung nach der *Anrechungsmethode:*

Grundbedarf der Ehefrau	
3/7 von 10 000 DM	4 285 DM
Anrechnung von 6/7 des Eigeneinkommens	1 714 DM
Unterhaltsanspruch der Ehefrau	2 571 DM

→ Ausschluss des Unterhaltsanspruchs bei grober Unbilligkeit).

Aufstockungsunterhalt

Nach § 1573 Abs. 2 BGB kann der Bedürftige den Unterschiedsbetrag zwischen seinen Einkünften aus einer tatsächlich ausgeübten Erwerbstätigkeit und dem Betrag verlangen, den er zur Beibehaltung seines ehelichen Lebensstandards benötigt. Für die Berechnung des Aufstockungsunterhalts gibt es verschiedene Methoden. Nach der Rechtsprechung des Bundesgerichtshofs ist zu unterscheiden zwischen den Fällen, in denen bereits zu Ehezeiten beide Ehegatten gearbeitet hatten (Doppelverdienerehe), und denjenigen Fällen, in denen der Berechtigte die Arbeit erst nach der Scheidung aufgenommen hat (Einverdiener- oder Haushaltsführerehe). In ständiger Rechtsprechung wendet der Bundesgerichtshof im ersteren Fall die Differenzmethode an, im letzteren die Anrechnungsmethode. Beide Methoden führen zu erheblich voneinander abweichenden Ergebnissen.

Ausbildungsunterhalt

Ein geschiedener Ehegatte, der in Erwartung der Ehe oder während der Ehe eine Schul- oder Berufsausbildung nicht aufgenommen oder abgebrochen hat, kann von dem Exgatten Unterhalt verlangen, wenn er eine entsprechende Ausbildung alsbald aufnimmt, um eine angemessene Erwerbstätigkeit zu erlangen (§ 1575 BGB). Der Bedürftige kann die erforderliche Ausbildung selbst wählen. Bei der gewählten

Ausbildung muss es sich aber um ein anerkanntes Ausbildungsverhältnis handeln, das eine einigermaßen sichere Aussicht auf erfolgreichen Abschluss bietet.

Unterhalt aus Billigkeitsgründen

Ein geschiedener Ehegatte kann von dem anderen Unterhalt verlangen, soweit und solange von ihm aus sonstigen schwerwiegenden Gründen eine Erwerbstätigkeit nicht erwartet werden kann und die Versagung von Unterhalt unter Berücksichtigung der Belange beider Ehegatten grob unbillig wäre (§ 1576 BGB).

BEISPIEL

Der bedürftige geschiedene Ehegatte betreut ein Pflegekind, das die Eheleute während der Ehe aufgenommen hatten.

➔ Wiederaufleben des Unterhaltsanspruchs

Nachhilfeunterricht

➔ Sonderbedarf

Namensrecht

Die folgenden Ausführungen beziehen sich nur auf den Familiennamen/Nachnamen. Sind die Eltern eines Kindes verheiratet und führen einen gemeinschaftlichen Ehenamen, so erhält das Kind auch diesen Namen (§ 1616 BGB). Führen die Eltern verschiedene Namen, so leitet sich die Befugnis zur Namensgebung aus dem Sorgerecht her.

Gemeinsames Sorgerecht

Verheiratete oder nicht verheiratete, gemeinsam sorgende Eltern (➔ Gemeinsames Sorgerecht), die keinen gemeinschaftlichen Ehenamen führen, können als Geburtsnamen des Kindes entweder den Namen des Vaters oder der Mutter bestimmen. Die Erklärung muss öffentlich beglaubigt werden (§ 1617 BGB). Wichtig ist, dass der von den Eltern bestimmte Familienname des ersten Kindes auch für alle weiteren Kinder gilt. Wenn eine Namensbestimmung nicht innerhalb eines Monats nach der Geburt des Kindes erfolgt, überträgt das Familiengericht das Bestimmungsrecht einem Elternteil.

Sorgerecht bei einem Elternteil

Wenn die ➔ elterliche Sorge einem Elternteil allein zusteht, dann erhält das Kind den Namen, den dieser Elternteil zur Zeit der Geburt des Kindes führt (§ 1617a Abs. 1 BGB). Der betreffende Elternteil kann aber durch Erklärung gegenüber dem Standesbeamten dem Kind auch den Namen des anderen Elternteils geben. Die Erteilung des anderen Namens bedarf der Einwilligung des anderen Elternteils und der Einwilligung des Kindes, wenn es das fünfte Lebensjahr vollendet hat; ab dem vollendeten vierzehnten Lebensjahr kann das Kind die Einwilligung selbst erteilen, es bedarf aber der Zustimmung des gesetzlichen Vertreters. Alle Erklärungen müssen öffentlich beglaubigt sein (§ 1617a Abs. 2 BGB).

Nach rechtskräftiger → Ehescheidung kann jeder Ehegatte ohne weiteres seinen Geburtsnamen wieder annehmen. Der entsprechende Antrag ist beim Standesamt zu stellen.

→ Vornamen

Nichteheliche Lebensgemeinschaft

Die nichteheliche Lebensgemeinschaft ist das auf Dauer abgestellte Zusammenleben zweier Personen verschiedenen Geschlechts ohne förmliche → Eheschließung (anders beim → Verlöbnis). Dieses Zusammenleben geht über eine Wohn- und Wirtschaftsgemeinschaft hinaus und führt zu einer familienähnlichen inneren Bindung der Partner. Auch wenn von den Beteiligten eine dauernde Gemeinschaft gewollt ist, hat die nichteheliche Lebensgemeinschaft nicht die Wirkung einer gültigen → Ehe. Sie begründet insbesondere keine gegenseitigen Unterhaltsansprüche (→ Unterhalt) oder Ansprüche auf Hinterbliebenenrente oder Erbansprüche. Die Kinder aus einer nichtehelichen Lebensgemeinschaft sind → „nichteheliche" Kinder, die aber rechtlich seit dem 1. Juli 1998 den ehelichen Kindern gleichgestellt sind (→ Familienrecht). Der nichteheliche Vater kann die → elterliche Sorge (→ Sorgeerklärungen) für seine nichtehelichen Kinder erhalten.

Auf dem Gebiet des Sozialhilferechts (→ Sozialhilfe) dürfen Personen, die in einer nichtehelichen Lebensgemeinschaft leben, nicht besser gestellt werden als Ehegatten (§ 122 BSHG).

Im Übrigen gibt es keine gesetzlichen Regelungen für die nichteheliche Lebensgemeinschaft. Wenn die Partner etwas regeln wollen, müssen sie entsprechende Vereinbarungen treffen. Falls es zu keiner Vereinbarung kommt, können die Partner jederzeit auseinander gehen, ohne dass nachwirkende Verpflichtungen aus der nichtehelichen Lebensgemeinschaft bestehen bleiben.

Im Ausnahmefall kann man ein gesellschaftsrechtliches Verhältnis der Partner in Bezug auf die Anschaffung größerer Vermögenswerte (Haus, Pkw, Unternehmen) annehmen, soweit ausreichende Anhaltspunkte hierfür vorliegen; hierbei handelt es sich im Einzelnen um höchst streitige Rechtsfragen.

Da Partner einer nichtehelichen Lebensgemeinschaft kein gesetzliches Erbrecht haben, ist eine testamentarische Erbregelung dringend zu empfehlen.

„Nichteheliches" Kind

Nach den früheren gesetzlichen Regelungen gab es mit den Paragrafen 1615a bis 1615o BGB besondere Vorschriften für das nichteheliche Kind und seine Mutter. Seit der Kindschaftsrechtsreform zum 1. Juli 1998 (➔ Familienrecht) wird das Wort „nichtehelich" nicht mehr gebraucht. Die diesbezüglichen Vorschriften sind weitgehend aufgehoben und stehen jetzt unter der Überschrift „Besondere Vorschriften für das Kind und seine nicht miteinander verheirateten Eltern" (§ 1615a ff. BGB). Die Unterhaltsvereinbarung mit dem nichtehelichen Kind für die Zukunft und die Abfindung gibt es nicht mehr, sondern nur noch folgende Vorschriften zum Unterhaltsanspruch zwischen den Eltern des Kindes:

Der Vater hat der Mutter für die Dauer von sechs Wochen vor und acht Wochen nach der Geburt des Kindes ➔ Unterhalt zu gewähren (§ 1615l Abs. 1 BGB). Soweit die Mutter einer ➔ Erwerbstätigkeit infolge Schwangerschaft, Krankheit, Pflege und Erziehung des Kindes nicht nachgeht, ist der Vater weiterhin unterhaltsverpflichtet. Diese ➔ Unterhaltspflicht beginnt frühestens vier Monate vor der Geburt und endet drei Jahre nach der Geburt. Unter Berücksichtigung der Belange des Kindes geht die Unterhaltspflicht über diese drei Jahre hinaus (§ 1615l Abs. 2 BGB).

Derselbe Unterhaltsanspruch steht auch dem Vater gegen die Mutter zu, wenn er das Kind betreut und deshalb keiner Erwerbstätigkeit nachgeht (§ 1615l Abs. 5 BGB).

Ferner sind in diesem Zusammenhang die Beerdigungskosten für die Mutter (§ 1615m BGB), die Ansprüche bei Vorversterben des Vaters, Tod und Fehlgeburt (§ 1615n BGB) und der Antrag auf einstweilige Verfügung (§ 1615o BGB) geregelt.

Die beiden wesentlichen gesetzlichen Neuregelungen zum 1. Juli 1998 bestehen also darin, dass der Unterhaltsanspruch der Mutter gegen den Vater gegebenenfalls über drei Jahre hinausgehen und dass auch der Vater bei Betreuung des Kindes einen gleichen Unterhaltsanspruch gegen die (erwerbstätige) Mutter geltend machen kann.

Nichtigkeit der Ehe

➔ Aufhebungsverfahren, ➔ Ehenichtigkeit

Notfristen

Notfristen sind nur die Fristen, die ausdrücklich in der Zivilprozessordnung als solche bezeichnet sind (§ 224 Abs. 1 Satz 2 ZPO). Um Notfristen handelt es sich bei den Fristen zur Einlegung der ➔ Berufung (§ 516 ZPO), ➔ Revision (§ 552 ZPO) und befristeten ➔ Beschwerde (§ 621e Abs. 3

Satz 2, § 516 ZPO; → Rechtsmittel). Wenn Notfristen oder die Fristen zur Begründung der Berufung, Revision oder befristeten Beschwerde ohne Verschulden nicht eingehalten werden, kann auf Antrag die → Wiedereinsetzung in den vorigen Stand gewährt werden (§ 233 ff. ZPO).

Notfristen können nicht durch Parteivereinbarung abgekürzt oder verlängert werden (§ 224 Abs. 1 und 2 ZPO).

O

Oberlandesgericht

Das Oberlandesgericht (OLG; § 15 ff. GVG) steht im Gerichtsaufbau der ordentlichen Gerichtsbarkeit (Zivil- und Strafsachen) zwischen den → Landgerichten und dem → Bundesgerichtshof. Grundsätzlich ist das OLG zuständig für → Beschwerden, → Berufungen und → Revisionen gegen Entscheidungen des Landgerichts (→ Rechtsmittel). Nur in → Familiensachen gilt ein anderer → Rechtszug; hierbei ist das OLG Berufungs- und Beschwerdeinstanz für alle Entscheidungen des → Familiengerichts (→ Amtsgerichts). Beim OLG müssen sich die Beteiligten grundsätzlich durch einen → Rechtsanwalt vertreten lassen, der beim OLG zugelassen ist; deshalb ist meist ein Anwaltswechsel erforderlich. Beispielsweise ist der Ehemann vom Familiengericht (Amtsgericht) zu einem monatlichen Unterhalt von 2 000 DM verurteilt worden. Er hält den Betrag für zu hoch und will Berufung einlegen. Diese Berufung kann er nur durch einen OLG-Anwalt beim zuständigen OLG – innerhalb eines Monats seit Zustellung des familiengerichtlichen Urteils

– einlegen. In einem Beschwerdeverfahren (z. B. gegen eine Umgangsregelung) kann jedoch in der Regel der erstinstanzliche Anwalt auch vor dem OLG tätig werden (➔ Anwaltszwang).

Öffentlichkeit

Die Gerichtsverhandlungen in ➔ Familiensachen sind nicht öffentlich, mit Ausnahme von Unterhaltssachen (§ 170 GVG). Die Öffentlichkeit kann auch hierbei ausgeschlossen werden, wenn Umstände aus dem persönlichen Lebensbereich eines Prozessbeteiligten zur Sprache kommen (§ 171b GVG). Die Verkündung des Urteils erfolgt in jedem Fall öffentlich. Da bei einer ➔ Ehesache die Öffentlichkeit ausgeschlossen ist und der Familienrichter vor Verkündung des Urteils üblicherweise nur im Sitzungssaal erklärt: „Nach Wiederherstellung der Öffentlichkeit ergeht folgendes (Scheidungs-) Urteil …“, erscheint grundsätzlich kein Zuhörer im Gerichtssaal.

Onkelehe

Die Bezeichnung Onkelehe für eine ➔ nichteheliche Gemeinschaft kam nach dem Zweiten Weltkrieg auf, als allein stehende Kriegerwitwen mit einem männlichen Partner zusammenlebten. Die einen konnten nicht heiraten, weil sie sonst ihre Pensions- oder Rentenansprüche verloren hätten, andere deshalb nicht, weil ihr Ehegatte noch vermisst oder nicht für tot erklärt war. Um dem Verhältnis nach außen einen moralischen Anstrich zu geben, wurde der männliche Partner als „Onkel“ vorgestellt. Diese Bezeichnung ist heute nicht mehr gebräuchlich. Früher gab es auch die scherzhafte Bezeichnung „Bratkartoffelverhältnis“.
➔ Konkubinat

P

Personensorge

➔ Elterliche Sorge

Pflegekinder

Pflegekinder sind solche Kinder und Jugendliche, die sich dauernd oder regelmäßig für den ganzen oder einen Teil des Tages außerhalb des Elternhauses in ➔ Familienpflege befinden.
Die Pflegeperson benötigt zur Aufnahme eines Pflegekindes die vorherige Pflegeerlaubnis des ➔ Jugendamtes, das auch die Aufsicht über die Pflegekinder führt (§ 44 ff. SGB VIII). Lebt das Kind seit längerer Zeit in Familienpflege, kann das ➔ Familiengericht anordnen, dass es – auch gegen den Willen seiner Eltern – bei der Pflegeperson verbleibt, wenn das zum ➔ Kindeswohl erforderlich ist (➔ Schutz des Kindes).

Pfleger

➔ Elterliche Sorge

Prozesskostenhilfe

Durch das Gesetz über die Prozesskostenhilfe vom 13. Juni 1980 ist das frühere Armenrecht abgelöst worden. Wirtschaftliche Voraussetzung für die Bewilligung von Prozesskostenhilfe ist, dass eine Partei nach ihren persönlichen und wirtschaftlichen Verhältnissen die Kosten der Prozessführung nicht oder nur zum Teil oder nur in Raten aufbringen kann (§ 114 ff. ZPO).
Sachliche Voraussetzung für die Bewilligung von Prozesskostenhilfe ist, dass die beabsichtigte Rechtsverfolgung bzw. Rechtsverteidigung „hinreichende Aussicht auf Erfolg bietet und nicht mutwillig erscheint“ (§ 114 ZPO).
Wer einen Prozess, d. h. die Gerichts- und seine ➔ Anwaltskosten, nicht bezahlen kann, hat also, wenn die Prozessführung Erfolg versprechend ist, einen Anspruch auf Prozesskostenhilfe und Beiordnung eines Anwalts seines Vertrauens.
Sozialhilfeempfänger (➔ Sozialhilfe) bekommen, wenn die übrigen Voraussetzungen gegeben sind, ratenfreie Prozesskostenhilfe. Wer ein niedriges, aber nicht ausreichendes ➔ Einkommen hat, muss die Prozesskostenhilfe in Raten an die Staatskasse zurückzahlen.
Der ➔ Rechtsanwalt bekommt aufgrund der Prozesskostenhilfe aus der Staatskasse zunächst niedrigere Gebühren. Falls sein Mandant Raten an die Staatskasse bezahlt, kann der Rechtsanwalt nachliquidieren

bzw. bei gewonnenem Prozess seine vollen Gebühren bei der Gegenseite einfordern.
Prozesskostenhilfe beschränkt sich auf die Gerichtskosten und die Kosten des eigenen Anwaltes. Die Kosten des gegnerischen Rechtsanwaltes und die Urteilssumme eines verloren gegangenen Prozesses können nicht über Prozesskostenhilfe abgewickelt werden.
Falls hohe Ratenzahlungen an die Staatskasse geleistet werden müssen, ist es für den Mandanten und seinen Anwalt einfacher, unmittelbar die Ratenzahlung der Anwaltskosten zu vereinbaren als den umständlichen Weg über die Prozesskostenhilfe zu wählen.

Prozesskostenvorschuss

Der Anspruch auf Prozesskostenvorschuss ist ein familienrechtlicher Unterhaltsanspruch (➔ Sonderbedarf). Eine Prozesskostenvorschusspflicht besteht zwischen verheirateten, nicht getrennt lebenden Ehegatten (§ 1360a Abs. 4 BGB): „Ist ein Ehegatte nicht in der Lage, die Kosten eines Rechtsstreits zu tragen, der eine persönliche Angelegenheit betrifft, so ist der andere Ehegatte verpflichtet, ihm diese Kosten vorzuschießen, soweit dies der Billigkeit entspricht. Das Gleiche gilt für die Kosten der Verteidigung in einem Strafverfahren, das gegen einen Ehegatten gerichtet ist.“

Für getrennt lebende Ehegatten (➔ Getrenntleben der Ehegatten) verweist § 1361 Abs. 4 BGB auf die vorgenannte Bestimmung. Dies ist besonders wichtig wegen der Kosten des Ehescheidungsverfahrens (➔ Ehescheidung). So hat das Gericht – vor Bewilligung von ➔ Prozesskostenhilfe – grundsätzlich zu prüfen, ob der andere Ehegatte prozesskostenvorschusspflichtig ist.
Minderjährige unverheiratete Kinder haben nach allgemeiner Auffassung ebenfalls Anspruch auf Prozesskostenvorschuss gegen ihre Eltern. Diesen Anspruch können auch volljährige Kinder haben, wenn sie noch keine selbstständige Lebensstellung erreicht haben. Bei verheirateten Kindern besteht der Anspruch auf Prozesskostenvorschuss gegen den Ehegatten. Daher braucht der Vater für die verheiratete Tochter keinen Vorschuss für die Kosten eines Scheidungsverfahrens zu leisten. Geschiedene Ehegatten sind nicht verpflichtet, einander Prozesskosten vorzuschießen. Die Prozesskostenvorschusspflicht endet mit der Scheidung.
Der Prozesskostenvorschuss ist vor dem ➔ Familiengericht geltend zu machen, wegen der Eilbedürftigkeit meist in Form der ➔ einstweiligen Anordnung. Wird ein Kostenvorschuss für einen Prozess vor einem Zivil-, Straf-, Sozial- oder Verwaltungsgericht begehrt, steht dem Berechtigten der Weg der ➔ einstweiligen Verfügung offen, die er beim Familiengericht zu beantragen hat.

Der Prozesskostenvorschuss kann – wie sonstiger ➔ Unterhalt – grundsätzlich nicht zurückgefordert werden. Ein Rückforderungsanspruch ist dagegen begründet, wenn sich die wirtschaftlichen Verhältnisse des vorschussberechtigten Ehegatten wesentlich gebessert haben oder die Rückzahlung aus sonstigen Gründen der Billigkeit entspricht. Dies kann insbesondere der Fall sein, wenn er aus dem ➔ Zugewinnausgleich oder durch den Verkauf eines gemeinsamen Hausgrundstückes beachtliche Geldmittel erhalten hat.

R

Rangverhältnis der Unterhaltsberechtigten

Sind mehrere Unterhaltsberechtigte vorhanden und reicht die ➔ Leistungsfähigkeit des Verpflichteten nicht aus, allen Unterhaltsberechtigten vollen ➔ Unterhalt zu zahlen, kommt es auf die Rangverhältnisse der Unterhaltsgläubiger an.

Ehegatten/Kinder

Ranggleichheit besteht zwischen mehreren minderjährigen, unverheirateten oder volljährigen, im Haushalt der Eltern lebenden Kindern und dem Ehegatten (§ 1609 BGB). Der Ehegatte geht anderen Kindern und den übrigen Verwandten vor. Ist die Ehe geschieden (➔ Ehescheidung) oder aufgehoben (➔ Aufhebungsverfahren), so geht der unterhaltsberechtigte Ehegatte den volljährigen oder verheirateten Kindern sowie den übrigen Verwandten des Unterhaltspflichtigen vor. Das Zusammentreffen von Unterhaltsansprüchen geschiedener und neuer Ehegatten regelt § 1582 BGB. Danach geht der geschiedene Ehegatte vor, wenn der neue Ehegatte im

Fall der Scheidung keinen Anspruch auf Geschiedenenunterhalt hätte. Hätte der neue Ehegatte nach diesen Vorschriften jedoch einen Unterhaltsanspruch, dann geht der geschiedene Ehegatte immer noch vor, wenn er seinen Anspruch auf Betreuungsunterhalt (§ 1570 BGB; ➔ Nachehelicher Unterhalt) oder Billigkeitsunterhalt (§ 1576 BGB) stützen kann oder wenn seine Ehe von langer Dauer war. Ein Zeitraum von 15 Jahren von der Eheschließung bis zur ➔ Rechtshängigkeit des Scheidungsantrages ist jedenfalls lang dauernd. Kindesbetreuung nach der Ehescheidung zählt als Ehezeit (§ 1582 BGB).

Verwandte

Sind mehrere Bedürftige vorhanden, so gehen die minderjährigen unverheirateten Kinder den anderen Kindern vor; die Kinder gehen den übrigen Abkömmlingen (➔ Verwandtschaft), die Abkömmlinge den Verwandten der aufsteigenden Linie und unter den Verwandten der aufsteigenden Linie die näheren den entfernteren Verwandten vor (§ 1609 Abs. 1 BGB; ➔ Verwandtenunterhalt).
Aus praktischen Gründen empfiehlt es sich – trotz Gleichberechtigung des Ehegatten mit den minderjährigen Kindern –, Letzteren im Prozess den Vorrang einzuräumen. Gesetzlich ist diese Verfahrensweise nicht vorgesehen, aber mit Zustimmung des anderen Ehegatten möglich.
➔ Bedarfskontrollbetrag

Ratenzahlung

➔ Prozesskostenhilfe

Realsplitting

Unterhaltsleistungen (➔ Unterhalt) an den geschiedenen (➔ Nachehelicher Unterhalt) oder dauernd getrennt lebenden Ehegatten (➔ Trennungsunterhalt) können entweder als Sonderausgaben (Realsplitting) oder als ➔ außergewöhnliche Belastung steuerlich berücksichtigt werden.
Das Realsplitting ergibt sich aus § 10 Abs. 1 Nr. 1 EStG, in dem es heißt: „Sonderausgaben sind die folgenden Aufwendungen, wenn sie weder Betriebsausgaben noch Werbungskosten sind: Unterhaltsleistungen an den geschiedenen oder dauernd getrennt lebenden, unbeschränkt einkommensteuerpflichtigen Ehegatten, wenn der Geber dies mit Zustimmung des Empfängers beantragt, bis zu 27 000 DM im Kalenderjahr. Der Antrag kann jeweils nur für ein Kalenderjahr gestellt und nicht zurückgenommen werden …“
Nur in der tatsächlich geleisteten Höhe bis zu 27 000 DM im Jahr bzw. 2 250 DM im Monat können die Unterhaltsleistungen für den Ehegatten, nicht für Kinder, als Sonderausgaben abgesetzt werden. Es ist dabei gleichgültig, ob es sich um laufende oder einmalige Leistungen handelt und ob sie in Geld oder Geldeswert (Sachleistungen) bestehen. Für den Antrag ist ein vom

Finanzamt vorgeschriebenes Formular zu verwenden (Anlage U).
Der Empfänger der Unterhaltsleistungen muss dem Antrag zustimmen. Diese Zustimmung wird oft verweigert, weil der Empfänger diese Leistungen grundsätzlich versteuern muss. Allerdings wird er wegen Unterschreitung der Mindestgrenzen meist steuerfrei bleiben. Daher kann der Antragsteller, wenn er sich verpflichtet eventuelle Steuerverpflichtungen des Unterhaltsempfängers zu tragen, nach anerkannter Rechtsprechung die Zustimmung zum Realsplitting erzwingen.

Rechtsanwalt

Der Rechtsanwalt ist der berufene Berater in allen Rechtsangelegenheiten. Er übt einen freien Beruf, nicht ein Gewerbe aus. Als Rechtsanwalt wird nur zugelassen, wer die Befähigung zum Richteramt erlangt hat.
Der Rechtsanwalt ist freizügig, muss aber in einem bestimmten Gericht zugelassen sein und in diesem Bezirk seine Kanzlei einrichten. Wenn in einem Prozess → Anwaltszwang besteht, muss ein bei dem entsprechenden Gericht zugelassener Rechts-

RECHTSANWALTSGEBÜHRENORDNUNG

Streitwert (in DM)	bis 7,5/10 Mittelgebühr (in DM)	10/10 volle Gebühr (in DM)	13/10 bei Berufung und Revision (in DM)
600	37,50	50,00	65,00
1 800	97,50	130,00	169,00
4 000	198,80	265,00	344,50
5 000	240,00	320,00	416,00
6 000	281,30	375,00	487,50
7 000	322,50	430,00	559,00
8 000	363,80	485,00	630,50
9 000	405,00	540,00	702,00
10 000	446,30	595,00	773,50
12 000	498,80	665,00	864,50
16 000	603,80	805,00	1 046,50
18 000	656,30	875,00	1 137,50
20 000	708,80	945,00	1 228,50
50 000	1 068,80	1 425,00	1 852,50
100 000	1 593,80	2 125,00	2 762,50
200 000	2 073,80	2 765,00	3 594,50

anwalt auftreten (Ausnahme: neue Bundesländer).
Der Anwalt kann von seiner Partei (Auftraggeber, Mandant, Klient) für seine Tätigkeit Gebühren verlangen. Die Höhe der Gebühren richtet sich nach der ➔ Rechtsanwaltsgebührenordnung (➔ Anwaltskosten).
Der Rechtsanwalt ist Parteivertreter. Er darf in einem Rechtsstreit nur eine Partei vertreten, niemals zugleich die Gegenpartei (Parteiverrat). Auch bei der ➔ einverständlichen Scheidung tritt der Rechtsanwalt nur für einen Ehegatten auf; der andere Ehegatte kann lediglich zuhören und zustimmen.
➔ Rechtsanwaltskostennote

Rechtsanwaltsgebührenordnung

Gesetzliche Grundlage für die Berechnung der anwaltlichen Gebühren ist die Bundesrechtsanwaltsgebührenordnung, zuletzt geändert mit Wirkung vom 1. Juli 1994 (zur Anwendung der Rechtsanwaltsgebührenordnung in ➔ Familiensachen siehe ➔ Anwaltskosten).
Zu der Rechtsanwaltsgebührenordnung gehört eine Gebührentabelle, auf Seite 98 in gekürzter Form wiedergegeben. Es gibt keine Obergrenze für diese Gebühren. In den neuen Bundesländern liegen die Gebühren 20% niedriger.
➔ Streitwert

BEISPIEL FÜR RECHTSANWALTSKOSTENNOTE

Gegenstandswert für Scheidung (3-faches Nettoeinkommen beider Ehegatten)		10 000,00 DM
Gegenstandswert für den Versorgungsausgleich (12-facher Ausgleichsbetrag, mindestens 1 000,00 DM)		1 000,00 DM
		11 000,00 DM
1 Prozessgebühr für	11 000,00 DM	665,00 DM
1 Verhandlungsgebühr für	11 000,00 DM	665,00 DM
1 Beweisgebühr (nur für die Scheidung) für	10 000,00 DM	595,00 DM
Auslagenpauschale		40,00 DM
Fotokopiekosten für Heiratsurkunde		1,00 DM
		1 966,00 DM
16% Mehrwertsteuer		314,56 DM
		2 280,56 DM
Mit Scheidungsantrag einzuzahlende Gerichtsgebühr nach einem geschätzten Streitwert von 11 000,00 DM		265,00 DM
		2 545,56 DM

Rechtsanwaltskostennote

Auf Seite 99 ist ein Beispiel einer Kostennote eines → Rechtsanwalts für eine einfache → Ehescheidung abgedruckt, bei der lediglich der → Versorgungsausgleich als → Folgesache durchgeführt worden ist (zum Gegenstandswert siehe → Streitwert). In den neuen Bundesländern liegen die Gerichts- und → Anwaltskosten 20% niedriger.

Rechtshängigkeit

Die Rechtshängigkeit eines Anspruchs tritt durch Klageerhebung bei Gericht ein (§ 261 ZPO), d.h. bei Zustellung des Klageantrags an den Gegner (§ 253 ZPO). Zur Wahrung einer Frist genügt der Eingang der Klage bei Gericht, wenn die Zustellung an den Gegner demnächst erfolgt. Der Zeitpunkt der Rechtshängigkeit eines Antrags auf → Ehescheidung ist wichtig für die Berechnung des → Zugewinns (§ 1384 BGB; → Zugewinnausgleich), des → Versorgungsäusgleichs (§ 1587 Abs. 2 BGB) und wegen des Wegfalls des Erbrechts des anderen Ehegatten (§ 1933 BGB).

Rechtskraft

Eine gerichtliche Entscheidung wird formell rechtskräftig, wenn sie nicht mehr angefochten werden kann (§ 705 ZPO; → Rechtsmittel). Diese Rechtskraft hat beim Scheidungsverfahren die Bedeutung, dass erst von Rechtskraft an die Ehe tatsächlich geschieden ist (→ Ehescheidung). Beim Scheidungstermin verkündet der Familienrichter in der Regel am Schluss der Sitzung das Scheidungsurteil. Dieses Urteil muss sodann schriftlich ausgefertigt und den Parteien bzw. den Parteivertretern zugestellt werden. Von der Zustellung an läuft eine Berufungsfrist von einem Monat (→ Berufung); erst dann wird das Urteil rechtskräftig. Um diese lange Zeitspanne zu verkürzen, können die Anwälte nach Verkündung des Urteils Rechtsmittelverzicht zu Protokoll erklären. In diesem Fall wird die Scheidung sofort rechtskräftig.

Rechtsmittel

Rechtsmittel sind nur → Berufung, → Revision und → Beschwerde. Mit ihnen bezweckt eine Partei eine für sie ungünstige Entscheidung im Wege der Nachprüfung durch ein höheres Gericht (→ Rechtszug) zu beseitigen und eine für sie günstige andere Entscheidung zu erreichen. Die fristgerechte Einlegung eines statthaften Rechtsmittels hemmt den Eintritt der formellen → Rechtskraft. Das Verfahren wird in der höheren Instanz anhängig und nur diese ist zur Entscheidung zuständig. Das gilt auch bei der Beschwerde, wenn nicht der Erstrichter seine Entscheidung durch

Abhilfe gegenstandslos macht. (Bei Berufung und Revision ist eine Abhilfe nicht zulässig.)

BEISPIEL

Der Familienrichter lehnt für eine ➔ Familiensache ➔ Prozesskostenhilfe ab. Auf Beschwerde des Betroffenen kann der Familienrichter abhelfen, d. h. Prozesskostenhilfe gewähren. Ansonsten muss er die Sache dem ➔ Oberlandesgericht vorlegen, das dann endgültig über die Gewährung von Prozesskostenhilfe entscheidet.

Rechtszug

Jedes gerichtliche Verfahren beginnt im ersten Rechtszug – erste Instanz genannt – und gelangt, soweit ein ➔ Rechtsmittel zulässig ist, aufgrund ➔ Berufung oder ➔ Beschwerde zum übergeordneten Gericht. In ➔ Familiensachen ist erste Instanz stets das ➔ Amtsgericht (➔ Familiengericht) und zweite und in der Regel letzte Instanz das ➔ Oberlandesgericht. Wenn das Oberlandesgericht die ➔ Revision zulässt, ist letzte Instanz der ➔ Bundesgerichtshof.

Regelsätze

Ein minderjähriges Kind kann von dem Elternteil, mit dem es nicht in einem Haushalt lebt, einen individuell zu berechnenden ➔ Unterhalt oder (wahlweise) einen Unterhalt als Vomhundertsatz eines Regelbetrages nach der RegelbetragsVO verlangen (➔ Kindesunterhalt). Die Richtsätze der ersten Einkommensgruppe der ➔ Düsseldorfer Tabelle (siehe auch Seite 144) entsprechen dem Regelbetrag nach der RegelbetragsVO für den Westteil der Bundesrepublik Deutschland. Durch die Multiplikation des Regelbetrages mit dem in der Düsseldorfer Tabelle genannten Vomhundertsatz ergibt sich der Unterhaltsrichtsatz für die jeweilige Einkommensgruppe. Für die neuen Bundesländer gilt die ➔ Berliner Tabelle (siehe auch Seite 150).

Religiöse Kindererziehung

Die religiöse Kindererziehung ist ein Bestandteil des elterlichen Erziehungsrechts und damit zugleich ein Teil der Personensorge (§ 1626ff. BGB; ➔ Elterliche Sorge). Zusätzlich gilt für den religiösen Bereich das Gesetz über die religiöse Kindererziehung aus dem Jahre 1921. Danach bestimmen grundsätzlich beide Eltern gemeinsam die Religionszugehörigkeit und religiöse Erziehung ihres Kindes (➔ Gemeinsames Sorgerecht). Nur wenn ein Elternteil allein sorgeberechtigt ist, liegt das religiöse Bestimmungsrecht allein in seiner Hand. Für den Fall, dass beide Eltern sorgeberechtigt sind und sich nicht oder nicht mehr einigen können, enthält das Gesetz keine Regelung. In diesem Fall kann jeder

Elternteil das ➔ Familiengericht anrufen, das die Entscheidung einem Elternteil überträgt.
In dem Gesetz über die religiöse Kindererziehung ist besonders die Entscheidungsfreiheit des Kindes geregelt, und zwar – abweichend von den allgemeinen Bestimmungen des BGB – in drei Stufen: Vom zehnten Geburtstag an ist das Kind vor einer Entscheidung des ➔ Vormundschaftsgerichts (jetzt Familiengerichts) anzuhören; vom zwölften Geburtstag an kann die Religionszugehörigkeit des Kindes nicht mehr gegen seinen Willen geändert werden; vom vierzehnten Geburtstag an ist das Kind religionsmündig, kann also über sein religiöses Bekenntnis selbst entscheiden.
Die Bestimmungen des Gesetzes über die religiöse Kindererziehung gelten nicht nur für die großen Weltreligionen und die christlichen Kirchen, sondern auch für andere, nicht bekenntnismäßige Weltanschauungen.

Retortenbaby

Retortenbaby heißt im allgemeinen Sprachgebrauch ein Kind, das im Reagenzglas durch ➔ künstliche Befruchtung gezeugt, in den eigenen Mutterleib oder den einer Leihmutter (Ersatzmutter) zurückverpflanzt und ausgetragen worden ist. Die moralischen und rechtlichen Fragen im Zusammenhang mit der künstlichen Befruchtung sind umstritten (➔ Mutter).

Revision

Revision (§ 545 ff. ZPO) ist das ➔ Rechtsmittel gegen die Urteile des ➔ Oberlandesgerichts (Berufungsinstanz in Familiensachen). Sie ist beim ➔ Bundesgerichtshof einzulegen (§ 133 Nr. 1 GVG). In ➔ Familiensachen ist sie nur zulässig, wenn sie das Oberlandesgericht wegen der grundsätzlichen Bedeutung der Rechtssache zugelassen hat oder das Berufungsgericht die Berufung als unzulässig verworfen hat (§ 621d ZPO). Im Gegensatz zur ➔ Berufung erfolgt in der Revisionsinstanz keine tatsächliche, sondern nur eine rechtliche Nachprüfung des angefochtenen Urteils. Sie dient der Wahrung einer einheitlichen Rechtsprechung. Die Frist zur Einlegung der Revision beträgt einen Monat nach Zustellung des oberlandesgerichtlichen Urteils (§ 552 ZPO). Sie ist durch einen beim Bundesgerichtshof zugelassenen ➔ Rechtsanwalt einzulegen (➔ Anwaltszwang, ➔ Rechtszug).

S

Samenspende

➔ Vater

Säugling/Erstausstattung

➔ Sonderbedarf

Scheidung

➔ Ehescheidung

Scheidungsfolgen

Die ➔ Ehescheidung löst mit dem Zeitpunkt der ➔ Rechtskraft des Scheidungsurteils die bestehende ➔ Ehe für die Zukunft auf (§ 1564 BGB). Beide Ehegatten sind nicht mehr verheiratet und können eine neue Ehe eingehen. Mit der Scheidung ergeben sich ➔ Folgesachen, und zwar des ➔ nachehelichen Unterhalts, des ➔ Zugewinns (➔ Zugewinnausgleich), des ➔ Versorgungsausgleichs, des ➔ Hausratsverfahrens (und ➔ Wohnungszuweisung) und gegebenenfalls des Sorgerechts für minderjährige Kinder (➔ Elterliche Sorge). Über diese Scheidungsfolgen können sich die Parteien außergerichtlich einigen (➔ Scheidungsfolgenvereinbarung). Sie können die einzelnen Scheidungsfolgen gerichtlich beim ➔ Familiengericht jeweils als gesonderte Verfahren oder im so genannten Verbund (➔ Verbundverfahren) geltend machen.

Scheidungsfolgen-vereinbarung

Im Fall der beabsichtigten ➔ Ehescheidung suchen die Ehegatten oft gemeinsam einen ➔ Rechtsanwalt auf und erklären: „Wir wollen uns scheiden lassen, wir sind uns über alles einig“ (➔ Einverständliche Scheidung). Der Anwalt kann nur einen Ehegatten vertreten, aber mit den Parteien eine Vereinbarung über die ➔ Scheidungsfolgen aushandeln. Den Parteien ist die Gestaltung der Scheidungsfolgen freigestellt, jedoch kann insbesondere ein ➔ Unterhaltsverzicht sittenwidrig sein. Hinsichtlich des ➔ Versorgungsausgleichs bedarf eine abweichende Regelung (Ausschluss/Verzicht) der notariellen Beurkundung und der richterlichen Genehmigung (§ 1587o Abs. 2 BGB).

Es wird den Parteien empfohlen, Grundstücksgeschäfte (Übertragungen) im Zusammenhang mit der Scheidung nicht in eine entsprechende anwaltschaftliche oder gerichtliche Vereinbarung aufzunehmen, da wegen der meist hohen Gegenstandswerte (➔ Streitwert) relativ hohe anwaltschaftliche und gerichtliche Gebühren entstehen. Da Grundstücksgeschäfte stets notariell abgeschlossen werden müssen, genügt der notarielle Vertrag. Notare haben bei gleichen Gegenstandswerten niedrigere Gebühren als Anwälte.

Scheidungsvoraussetzungen

Voraussetzung für eine ➔ Ehescheidung ist zunächst das Bestehen der ➔ Ehe, sodass bereits mit der Scheidungsantragsschrift eine Abschrift der Heiratsurkunde bzw. des Familienstammbuchs einzureichen ist. Bei Ehen von Ausländern muss – da die Gerichtssprache Deutsch ist – stets eine beglaubigte Übersetzung beigefügt werden.

Die Ehe wird zwar grundsätzlich auf Lebenszeit geschlossen (§ 1553 BGB), kann aber geschieden werden, wenn sie gescheitert ist. Eine Ehe ist gescheitert, wenn die eheliche Lebensgemeinschaft nicht mehr besteht und nicht erwartet werden kann, dass die Ehegatten sie wieder herstellen (§ 1565 BGB). In diesem Fall ist die Ehe zerrüttet (Zerrüttungsprinzip). Es kommt nicht darauf an, wer diese Zerrüttung verschuldet hat (Abkehr vom früheren *Schuldprinzip*). Das entscheidende Indiz (Hinweis) für die Zerrüttung ist das ➔ Getrenntleben der Ehegatten. Ausnahmen sind möglich bei Krankenhaus-, Heim- und Anstaltsaufenthalt sowie bei Auslandstätigkeit und Strafhaft.

Ein Scheitern der Ehe wird vermutet, wenn die Ehegatten seit einem Jahr getrennt leben und beide die Scheidung wünschen (§ 1566 Abs. 1 BGB) oder die Ehegatten seit drei Jahren getrennt leben und nur einer von ihnen die Scheidung anstrebt (§ 1566 Abs. 2 BGB; siehe aber ➔ Härteklausel; § 1658 BGB).

Leben die Ehegatten noch nicht ein Jahr getrennt, so kann die Ehe nur geschieden werden, wenn die Fortsetzung der Ehe für den Antragsteller aus Gründen, die in der Person des anderen Ehegatten liegen, eine unzumutbare Härte darstellen würde (§ 1565 Abs. 2 BGB). Bei der Zumutbarkeitsprüfung sind strenge Anforderungen zu stellen. (Für die Zumutbarkeitsbewertung kann etwa gefragt werden, ob ein vernünftiger Dritter bei ruhiger Abwägung aller Umstände auf das Verhalten des anderen Ehegatten mit einem Scheidungsantrag reagieren würde.) Art und Weise und die Begleitumstände können so schwerwiegend sein, dass dem Antragsteller wegen der besonders tief greifenden und gar entwürdigenden Persönlichkeitsverletzung nicht zugemutet werden kann, noch bis Ende der Jahresfrist das Eheband aufrechtzuerhalten.

In der anwaltschaftlichen Praxis hat sich gezeigt, dass ein auf unzumutbare Härte gestütztes Scheidungsbegehren nicht zu einer schnelleren Scheidung führt, weil der Antragsgegner schwerwiegende Vorwürfe erbittert bestreiten wird. Die Beweisführung ist schwierig, weil es meist keine Zeugen für eheliche Auseinandersetzungen gibt. Wenn in einem solchen Fall beide Ehegatten schnell geschieden werden wollen, wird häufig der – gesetzlich unzulässige – Weg gewählt, das Trennungsdatum vorzuverlegen.

Scheinehe

Eine Ehe kann aufgehoben werden (➔ Aufhebungsverfahren), wenn beide Ehegatten sich bei der ➔ Eheschließung darüber einig waren, dass sie keine Verpflichtung zur ehelichen Lebensgemeinschaft eingehen und nicht füreinander Verantwortung tragen wollen (§ 1314 Abs. 2 Nr. 5, § 1353 BGB). Der Tatbestand dieses neuen Eheverbots ist weit gefasst und kann auf sehr unterschiedlichen Beweggründen beruhen. Der Wunsch, einem Ausländer die Einreise zu ermöglichen, ist nur eines von vielen denkbaren Motiven.
Eine Scheinehe kommt auch in Betracht bei den so genannten Namensehen alter Art oder bei Ehen, die nur aus steuerlichen Gründen (Ehegattensplitting, Erbschaftssteuer) oder aus versorgungsrechtlichen Gründen (Witwenrente oder Pension) geschlossen sind. Zweifel ergeben sich auch bei den Ehen mit einem Sterbenden. In diesem Zusammenhang stellt sich die Frage, ob der Standesbeamte unter Hinweis auf das Eheverbot die Trauung verweigern kann. Dagegen spricht, dass Ehen auch weiterhin am Sterbebett geschlossen werden können.
Da die Vorschrift über die Scheinehe erst zum 1. Juli 1998 neu in das Gesetz aufgenommen worden ist, gibt es noch keine Rechtsprechung.

Scheinvaterschaft

➔ Vaterschaftsanfechtung

Schenkungen unter Ehegatten

Eine Schenkung unter Ehegatten liegt vor, wenn ein Ehegatte dem anderen Ehegatten aus seinem Vermögen etwas unentgeltlich zuwendet, z. B. ein Schmuckstück. Eine echte Schenkung kann nach § 530 BGB unter der Voraussetzung groben Undanks widerrufen werden. Dabei sind die persönlichen Beziehungen der Ehegatten insgesamt, auch das Verhalten des Schenkers zu würdigen: Ein Widerruf setzt eine tadelnswerte, einen Mangel an Dankbarkeit kennzeichnende Gesinnung voraus.
Größere unentgeltliche Zuwendungen der Ehegatten fallen meist unter den Begriff ➔ ehebedingte Zuwendungen.

Schlüsselgewalt

Jeder Ehegatte ist berechtigt, Geschäfte zur angemessenen Deckung des Lebensbedarfs der Familie mit Wirkung auch für den anderen Ehegatten zu tätigen. Durch solche Geschäfte werden beide Ehegatten berechtigt und verpflichtet, es sei denn, dass sich aus den Umständen etwas anderes ergibt (§ 1357 Abs. 1 BGB). Diese Vorschrift gilt nicht, wenn die Ehegatten getrennt leben (§ 1357 Abs. 3 BGB; → Haushaltsführung). Diese so genannte Schlüsselgewalt stand früher nur der Frau zu. Praktisches Beispiel: Die Frau führte den Haushalt und versorgte die Kinder, bekam aber vom Mann kein Haushaltsgeld. Sie ging beim Kaufmann für die Familie einkaufen und ließ „anschreiben". Der Mann musste in einem solchen Fall die Kaufmannsrechnung bezahlen.
Aufgrund der Gleichberechtigung, insbesondere bei der „Hausmannsehe", steht dem Hausmann ebenfalls die Schlüsselgewalt zu und er kann für die Familie anschreiben lassen.
Strittig ist der Umfang der Schlüsselgewalt. Die finanziellen Verhältnisse sind zu berücksichtigen. Die Frau eines Arbeiters kann nicht so teure Einkäufe machen wie die Frau des Generaldirektors. Großeinkäufe und Anschaffungen von langlebigen Wirtschaftsgütern können nicht im Rahmen der Schlüsselgewalt auf Kredit gekauft und der andere Ehegatte dadurch verpflichtet werden.
Auch bei der → Zugewinngemeinschaft haftet ein Ehegatte nicht für die Schuldverpflichtungen des anderen Ehegatten, wenn dieser die Schulden nicht im Rahmen der Schlüsselgewalt aufgenommen hat und wenn er selbst nicht „mit unterschrieben" hat.

Schmerzensgeld

→ Anfangsvermögen

Schulden

→ Berücksichtigungsfähige Schulden,
→ Hausratsverfahren/Hausratsteilung,
→ Schlüsselgewalt

Schuldprinzip

→ Scheidungsvoraussetzungen

Schuldrechtlicher Versorgungsausgleich

Der schuldrechtliche Versorgungsausgleich (§ 1587f ff. BGB) ist im Verhältnis zum öffentlich-rechtlichen → Versorgungsausgleich (§ 1587a ff. BGB) nachrangig. Er kommt nur zur Anwendung, soweit die Durchführung des öffentlich-rechtlichen Versorgungsausgleichs durch

Begründung und Übertragung von Rentenanwartschaften einer gesetzlichen Rentenversicherung nicht möglich ist. Im schuldrechtlichen Versorgungsausgleich werden deshalb keine Rentenanwartschaften geteilt.

Der schuldrechtliche Versorgungsausgleich kann erst dann durchgeführt werden, wenn entweder beide Ehegatten ihre Versorgungen beziehen oder der Verpflichtete eine Versorgung erlangt hat und der Berechtigte wegen Krankheit usw. eine ➔ Erwerbstätigkeit nicht ausüben kann oder das 65. Lebensjahr bereits vollendet hat (§ 1587g BGB; siehe aber ➔ Ausschluss des Versorgungsausgleichs).

Im Scheidungsurteil ist grundsätzlich eine Entscheidung über den Versorgungsausgleich enthalten, gegebenenfalls mit der Formulierung: „Anstelle des öffentlich-rechtlichen Versorgungsausgleichs findet der schuldrechtliche Versorgungsausgleich statt.“ Im Verbundurteil (➔ Verbundverfahren) ist aber eine ausdrückliche Entscheidung über den schuldrechtlichen Versorgungsausgleich nicht erforderlich.

➔ Gesetz zur Regelung von Härten im Versorgungsausgleich, ➔ Realsplitting, ➔ Splitting, Quasi-Splitting und Super-Splitting

Schutz des Kindes

Die gerichtlichen Maßnahmen zum Schutz des Kindes sind in § 1666 BGB neu wie folgt geregelt: Wird das körperliche, geistige oder seelische Wohl des Kindes oder sein Vermögen durch missbräuchliche Ausübung der ➔ elterlichen Sorge, durch Vernachlässigung des Kindes, durch unverschuldetes Versagen der Eltern oder durch das Verhalten eines Dritten gefährdet, so hat das ➔ Familiengericht, wenn die Eltern nicht gewillt oder nicht in der Lage sind, die Gefahr abzuwenden, die zur Abwendung der Gefahr erforderlichen Maßnahmen zu treffen. In der Regel ist anzunehmen, dass das Vermögen des Kindes gefährdet ist, wenn der Inhaber der Vermögenssorge seine ➔ Unterhaltspflicht gegenüber dem Kind oder seine mit der Vermögenssorge verbundenen Pflichten verletzt oder Anordnungen des Gerichts, die sich auf die Vermögenssorge beziehen, nicht befolgt. Das Gericht kann Erklärungen des Inhabers der elterlichen Sorge ersetzen. In Angelegenheiten der Personensorge kann das Gericht auch Maßnahmen mit Wirkung gegen einen Dritten treffen.

➔ Familienpflege, ➔ Kindeswohl, ➔ Pflegekinder

Schwägerschaft

Schwägerschaft ist das Verhältnis eines Ehegatten zu den Verwandten des anderen Ehegatten; sie besteht auch über die Auflösung der Ehe hinaus. Die Linie und der Grad der Schwägerschaft richten sich nach dem Grad der jeweiligen ➔ Verwandtschaft (§ 1590 BGB). So besteht z. B. Schwägerschaft im ersten Grad in erster Linie mit den Schwiegereltern, nämlich den Eltern des anderen Ehegatten, und im zweiten Grad in der Seitenlinie mit dessen Geschwistern (Schwager, Schwägerin). Stiefeltern und Stiefkinder sind im ersten Grad verschwägert.

Die Schwägerschaft begründet keine ➔ Unterhaltspflicht und kein gesetzliches Erbrecht, aber ➔ ein Zeugnisverweigerungsrecht.

Die volkstümlich als Schwipp-Schwäger bezeichneten Geschwister des einen Ehegatten und des anderen Ehegatten gelten gesetzlich nicht als verschwägert und haben deshalb kein Zeugnisverweigerungsrecht.

➔ Adoption, ➔ Eheverbot

Selbstbehalt

➔ Eigenbedarf (Existenzminimum), ➔ Leistungsfähigkeit des Unterhaltspflichtigen

Sofortige Beschwerde

➔ Beschwerde, ➔ Notfristen

Sonderausgaben

➔ Realsplitting

Sonderbedarf

Bei allen Unterhaltsarten (➔ Unterhalt, ➔ Ehegattenunterhalt, ➔ Elternunterhalt, ➔ Kindesunterhalt, ➔ Nachehelicher Unterhalt, ➔ Trennungsunterhalt) kann ein nicht voraussehbarer, also unregelmäßiger und außergewöhnlich hoher Bedarf auftreten, etwa in dringenden Notfällen, beispielsweise bei Unglücksfällen oder plötzlicher schwerer Erkrankung. Hierbei spricht man von Sonderbedarf. Sonderbedarf ist ein Bedarf, der nicht mit Wahrscheinlichkeit vorauszusehen war und der bei der Bemessung der laufenden Unterhaltsrente deshalb nicht berücksichtigt werden konnte. Sonderbedarf liegt weiter nur dann vor, wenn er den Rahmen des gewöhnlichen Bedarfs überschreitet, also außergewöhnlich hoch ist.

Die Abgrenzung zwischen gewöhnlichem Bedarf und Sonderbedarf hängt von den Einkünften (➔ Einkommen) und dem Lebenszuschnitt der Beteiligten ab. Der Bundesgerichtshof hat ausgeführt, dass die Abgrenzung das Ergebnis einer Gesamt-

betrachtung aller Umstände des Einzelfalls sein müsse.
Sonderbedarf kann vom geschiedenen Ehegatten gemäß § 1585 Abs. 1 BGB auch für die Vergangenheit geltend gemacht werden. Für die sonstigen Unterhaltsberechtigten gilt § 1613 Abs. 2 Nr. 2 BGB. Auch hiernach kann Sonderbedarf für die Vergangenheit beansprucht werden, jedoch nach Ablauf eines Jahres seit Entstehung nur, wenn vorher Schuldnerverzug eingetreten oder der Anspruch rechtshängig geworden ist (➔ Rechtshängigkeit), der Unterhaltsverpflichtete seiner Verpflichtung also nicht nachgekommen ist und deswegen juristische Schritte gegen ihn eingeleitet worden sind.
Zum Sonderbedarf gehören folgende Einzelfälle: Krankheitskosten – soweit sie nicht von der Krankenkasse getragen werden – für ambulante und stationäre Behandlung, Hilfsmittel wie Behindertenfahrzeug, Prothesen, teure Brillen (erfordert die Krankheit eine längere Behandlung, deren Dauer nicht abzusehen ist, liegt kein Sonderbedarf, sondern ➔ Mehrbedarf vor), Erstausstattung eines Säuglings, Kosten der Kommunion und Konfirmation sowie Umzugskosten.
Urlaub begründet keinen Sonderbedarf, ebenso wenig die Teilnahme an einer Jugendfreizeit; anders kann es sich bei einer Klassenfahrt oder Nachhilfeunterricht verhalten.

Sorgeerklärungen

Sind die Eltern bei der Geburt des Kindes nicht miteinander verheiratet, können sie erklären, dass sie die Sorge für das Kind gemeinsam übernehmen wollen (§ 1626a BGB; ➔ Elterliche Sorge, ➔ Gemeinsames Sorgerecht).
Die Sorgeerklärungen können nur von den Eltern selbst abgegeben werden (§ 1626e BGB), und zwar frühestens nach der Zeugung, also schon vor der Geburt des Kindes (§ 1626b Abs. 2 BGB).
Beide Elternteile müssen je eine Sorgeerklärung in öffentlich beglaubigter Form abgeben (§ 1626d BGB), beispielsweise bei einem Notar. Aus Kostengründen empfiehlt sich die Erklärung vor dem Jugendamt. Es spielt in diesem Zusammenhang keine Rolle, ob die Eltern zusammenleben oder nicht. Auch die Tatsache, dass ein Elternteil mit einer anderen Person verheiratet ist, steht der gemeinsamen Sorge nicht entgegen.
Ein gemeinsames Sorgerecht nicht verheirateter Eltern ist nur möglich, wenn die Mutter zustimmt. Nur wenn der Mutter das Sorgerecht entzogen worden ist, kann der Vater ausnahmsweise auch gegen den Willen der Mutter die elterliche Sorge erhalten (§ 1680 Abs. 3 BGB).

Sorgerecht

➔ Elterliche Sorge

Sozialhilfe

Die Leistungen nach dem Bundessozialhilfegesetz (BSHG) dienen der Deckung des Lebensbedarfes und werden grundsätzlich nur bei entsprechender Bedürftigkeit des Empfängers gewährt. Im Unterschied zu Unterhaltsleistungen (➔ Unterhalt) beruhen Sozialhilfeleistungen nicht auf einem besonderen persönlichen Verhältnis, sondern auf staatlicher Verpflichtung. Die Sozialhilfe soll dem Empfänger die Führung eines Lebens ermöglichen, das der Würde des Menschen entspricht (§ 1 Abs. 2 Satz 1 BSHG), sofern er hierzu nicht aus eigener Kraft und eigenen Mitteln in der Lage ist. Hieraus folgt der Nachrang der Sozialhilfe, die grundsätzlich nur gewährt wird, soweit der Bedürftige keine realisierbaren Unterhaltsansprüche gegen andere Personen hat (§ 2 BSHG).

Wird Sozialhilfe gewährt, so gehen Unterhaltsansprüche gemäß § 90 f. BSHG auf den Träger der Sozialhilfe über. Gleiches gilt für Leistungen nach den Unterhaltsvorschussgesetz.

Nachrangig gegenüber Unterhaltsansprüchen sind ebenfalls die Arbeitslosenhilfe nach dem Arbeitsförderungsgesetz und die BAFöG-Leistungen.

➔ Unterhaltsverzicht

Splitting, Quasi-Splitting und Super-Splitting

Beim ➔ Versorgungsausgleich sind die Renten und Rentenanwartschaften auszugleichen, die den gesetzlichen Rentenanpassungen unterliegen. Man nennt das Verfahren *Splitting* (§ 1587b BGB). Sind Rentenanwartschaften und Ansprüche nach beamtenrechtlichen Vorschriften auszugleichen, spricht man von *Quasi-Splitting*.

Für alle übrigen Versorgungen (berufsständische Versorgung, öffentlich-rechtliche Zusatzversorgung, Betriebsrenten, private Versicherungen) war früher die Begründung gesetzlicher Rentenanwartschaften für den Berechtigten durch Beitragszahlung des Ausgleichsverpflichteten vorgesehen. Dies ist als verfassungswidrig erklärt worden. Der Versorgungsausgleich vollzieht sich nunmehr durch Realteilung oder, soweit nach der Satzung des Versorgungswerkes keine Realteilung vorgesehen ist, durch Quasi-Splitting wie bei der Beamtenversorgung. Alle übrigen unverfallbaren Anrechte unterliegen dem ➔ schuldrechtlichen Versorgungsausgleich.

Das *Super-Splitting* setzt voraus, dass noch ein weiteres Anrecht des Ausgleichsverpflichteten vorhanden ist, das durch die bisherigen Ausgleichsmöglichkeiten nicht ausgeglichen werden kann. Ursprünglich war insoweit nur ein schuldrechtlicher Versorgungsausgleich vorgesehen. Nunmehr steht es im Ermessen des ➔ Famili-

engerichtes ein Super-Splitting durchzuführen (➔ Gesetz zur Regelung von Härten im Versorgungsausgleich).
➔ Realsplitting

Steuerbelastung

Bei der Ermittlung des ➔ bereinigten Nettoeinkommens sind die tatsächlichen Zahlungen von Einkommensteuer bzw. Lohnsteuer, Kirchensteuer und Solidaritätszuschlag abzugsfähig.
Für Eheleute besteht die gegenseitige familienrechtliche Verpflichtung, unnötig hohe Steuerabzüge zu vermeiden, z. B. durch Eintragung von Freibeträgen auf der Lohnsteuerkarte. So können Arbeitnehmer während des Kalenderjahres auf ihrer Lohnsteuerkarte vom Finanzamt bestimmte steuerliche Vergünstigungen wie z. B. Kinderfreibeträge, einen Pauschbetrag für Körperbehinderte, erhöhte Werbungskosten, Sonderausgaben (➔ Realsplitting), ➔ außergewöhnliche Belastungen usw. als Freibetrag eintragen lassen.
Dadurch werden diese Umstände bereits beim laufenden Lohnsteuerabzug berücksichtigt und vermindern die Lohnsteuerlast bzw. erhöhen das Nettoeinkommen.
Streit entsteht häufig, wenn ein Ehegatte infolge der Jahressteuerveranlagung einen größeren Betrag zurückbekommt. Richtigerweise müsste dieser Betrag dem Nettoeinkommen des betreffenden Jahres hinzugeschlagen werden, sodass sich sein monatliches Nettoeinkommen jeweils erhöht. Diese Berechnungsweise ist in der Praxis aber kaum durchführbar, sodass sich die Ehegatten meist dahingehend einigen, dass eine Steuerrückerstattung hälftig oder anteilig geteilt wird.

Störung der Geistestätigkeit

➔ Aufhebungsverfahren, ➔ Bewusstlosigkeit und Störung der Geistestätigkeit

Strafanzeige

Wer sich einer gesetzlichen ➔ Unterhaltspflicht entzieht, sodass der Lebensbedarf der Unterhaltsberechtigten gefährdet ist oder ohne Hilfe anderer gefährdet wäre (also ohne Hilfe des Sozialamtes), wird mit Freiheitsstrafe bis zu drei Jahren oder mit Geldstrafe bestraft (§ 170b StGB).
Die Strafanzeige wegen Unterhaltsentziehung ist oft das letzte Mittel für den Unterhaltsberechtigten, um einen Unterhaltsanspruch durchzusetzen. Die Strafanzeige führt in der Regel zu einer Verurteilung des Unterhaltspflichtigen mit der Bewährungsauflage in Zukunft den (gerichtlich festgesetzten) ➔ Unterhalt zu zahlen. Der Unterhaltspflichtige wird aber freigesprochen, wenn er in der Strafverhandlung nachweist, dass er tatsächlich nicht zahlen kann.

Streitwert

Der ➔ Rechtsanwalt berechnet seine Gebühren (➔ Anwaltskosten) nach der Tabelle der ➔ Rechtsanwaltsgebührenordnung. Diese Tabelle richtet sich nach den jeweiligen Streitwerten.

Streitwert für eine Zahlungsklage beim Zivilgericht ist der Betrag, der mit der Klage geltend gemacht wird, nicht das Ergebnis des Prozesses. Wer also vor dem ➔ Landgericht 12 000 DM einklagt, dessen Klage hat einen Streitwert von 12 000 DM. Wer vor dem ➔ Amtsgericht auf Räumung einer Wohnung und Zahlung der Mietrückstände klagt, dessen Klage hat als Streitwert den 12-fachen monatlichen Nettomietbetrag (Jahresnettomiete) zuzüglich Mietrückstände.

Die Streitwertbestimmung für eine ➔ Ehescheidung ist nicht so eindeutig. Üblich ist das dreifache monatliche Nettoeinkommen beider Ehegatten abzüglich gesetzlicher Unterhaltsverpflichtungen (§ 12 Abs. 2 Satz 2 GKG).

BEISPIEL

Der Ehemann verdient netto monatlich 3 000 DM, die Ehefrau 1 000 DM. Der Ehemann zahlt für ein Kind 500 DM. Der Streitwert berechnet sich folgendermaßen: 3 000 DM + 1 000 DM = 4 000 DM, abzüglich 500 DM = 3 500 DM x 3 = 10 500 DM.

Der Familienrichter setzt nach Ausspruch der Scheidung den Gegenstandswert für das Scheidungsverfahren fest (§ 25 Abs. 2 GKG). Dabei ermäßigt er bei besonders einfach gelagerten Scheidungsverfahren nach seinem Ermessen den Gegenstandswert oder erhöht den Gegenstandswert bei besonders günstigen Vermögensverhältnissen der Ehegatten.

Der Mindeststreitwert für die Scheidung beträgt 4 000 DM (§ 12 Abs. 2 Satz 4 GKG). Hinzu kommen die ➔ Folgesachen, und zwar in der Regel der ➔ Versorgungsausgleich. Dessen Streitwert ist der 12-fache Monatswert (Jahreswert) des Ausgleichsbetrages, mindestens jedoch 1 000 DM. Eine Sorgerechtsbestimmung im Scheidungsurteil ist mit dem 1. Juli 1998 weggefallen und kommt nur noch ausnahmsweise in Betracht. Beim ➔ Zugewinnausgleich ist Streitwert der geltend gemachte Ausgleichsbetrag, beim ➔ Hausrat muss der Gegenstandswert geschätzt werden (§ 12 Abs. 2 Satz 1 GKG). Bei Unterhaltssachen ist der Streitwert der 12-fache Betrag des geltend gemachten ➔ Unterhalts (Jahresbetrag des Unterhalts).

Wenn die Ehescheidung mit ➔ Folgesachen (➔ Scheidungsfolgen) geltend gemacht wird, werden die Gegenstandswerte zusammengerechnet, was zu einer wesentlichen Ermäßigung der Gesamtgebühren im Verhältnis zur Einzelabrechnung führt. Der vor der Ehescheidung geltend gemachte ➔ Trennungsunterhalt ist keine Folgesache.

Stundung des Zugewinnausgleichs

Das ➔ Familiengericht kann auf Antrag eine Ausgleichsforderung im ➔ Zugewinnausgleich stunden, wenn die sofortige Zahlung auch unter Berücksichtigung der Interessen des Gläubigers zur Unzeit erfolgen würde. Die sofortige Zahlung würde auch dann zur Unzeit erfolgen, wenn sie die Wohnverhältnisse oder sonstigen Lebensverhältnisse gemeinschaftlicher Kinder nachhaltig verschlechtern würde (§ 1387 Abs. 1 BGB). Eine gestundete Forderung ist zu verzinsen (§ 1382 Abs. 2 BGB). Der Schuldner muss auf Antrag Sicherheit leisten (§ 1382 Abs. 3 BGB). Über Höhe und Fälligkeit der Zinsen entscheidet das Familiengericht nach billigem Ermessen (§ 1382 Abs. 4 BGB).

T

Taschengeld

Ehegatten

Der haushaltsführende Ehegatte (➔ Haushaltsführung) hat Anspruch auf Taschengeld, das er frei verwenden kann (Hobbys, Kino, Theater, Gaststättenbesuche usw.). Er ist niemandem Rechenschaft schuldig. Taschengeld ist im Gegensatz zum Wirtschaftsgeld pfändbar (Pfändung im Rahmen einer Billigkeitsprüfung bedingt möglich nach § 850b Abs. 1 Nr. 2 ZPO). Wird ein einheitlicher Betrag als ➔ Familienunterhalt gezahlt, ist in diesem Betrag das Taschengeld mit enthalten. Die Höhe des Taschengeldes richtet sich nach den Einkommens- und Vermögensverhältnissen der Ehegatten (Lebenszuschnitt und Lebensstil). In der Regel werden etwa 5% des Familieneinkommens als angemessen angesehen.

Das Taschengeld ist nach den Grundsätzen der Hausmann-Rechtsprechung (➔ Hausmann/Hausfrau) erforderlichenfalls für Unterhaltszahlungen (➔ Unterhalt) für Kinder aus erster Ehe zu verwenden (➔ Kindesunterhalt).

Kinder

Taschengeld für Kinder ist im Gesetz nicht geregelt. Es ist auch keine Rechtsprechung dazu vorhanden. Die Zeitschrift „Eltern" befragte im Jahre 1994 fast 3 000 Schüler zwischen sieben und sechzehn Jahren, wie viel Taschengeld sie bekommen. Die Abweichungen waren erheblich. Manche Kinder wurden außerordentlich knapp gehalten, andere überhäuft. Nach der Befragung bekommen im Durchschnitt pro Monat

7-Jährige	20 DM,
8-Jährige	26 DM,
9-Jährige	32 DM,
10-Jährige	40 DM,
11-Jährige	46 DM,
12-Jährige	48 DM,
13-Jährige	48 DM,
14-Jährige	53 DM,
15-Jährige	58 DM,
16-Jährige	70 DM.

Pädagogen empfehlen schon 5- und 6-jährigen Kindern Taschengeld zu geben (0,50 oder 1 DM pro Woche).

Tod

Im Zusammenhang mit dem Ehegattenerbrecht

Das Erbrecht des überlebenden Ehegatten sowie das Recht auf den so genannten Voraus sind ausgeschlossen, wenn zur Zeit des Todes des Erblassers die Voraussetzungen für die ➔ Ehescheidung gegeben sind und der Erblasser die Scheidung beantragt oder ihr zugestimmt hat (§ 1933 BGB). Wenn jedoch während des Ehescheidungsverfahrens der andere Ehegatte stirbt, der die Scheidung nicht beantragt hatte, bleibt das Erbrecht des Antragstellers bestehen.
Eine Ehe kann seit Jahren zerrüttet sein; wenn aber kein Ehegatte den Scheidungsantrag bei Gericht einreicht, bleiben Erbrecht und Pflichtteilsanspruch des überlebenden Ehegatten bestehen. Ist der Scheidungsantrag eingereicht und wurden damit Erbrecht und Pflichtteilsanspruch ausgeschlossen, bleibt dem überlebenden Ehegatten die Geltendmachung des ➔ Zugewinns unbenommen.

Im Zusammenhang mit ➔ nachehelichem Unterhalt

Der Unterhaltsanspruch (➔ Unterhalt) des geschiedenen Ehegatten erlischt mit seiner ➔ Wiederheirat oder mit dem Tod des Berechtigten. Mit dem Tod des Verpflichteten geht die Unterhaltspflicht auf den/die Erben als Nachlassverbindlichkeit über. Der Erbe haftet jedoch nicht über den Betrag hinaus, der dem Pflichtteil entspricht, wenn die Ehe nicht geschieden wäre (§ 1586b BGB).
Hier kann sich eine Versorgungslücke auftun, wenn der überlebende Ehegatte bisher Unterhalt bezogen hat, die Erben aber nicht zur Zahlung in der Lage sind.

Im Zusammenhang mit dem Scheidungsverfahren

Verstirbt ein Ehegatte während des Scheidungsverfahrens, wird die Ehe dadurch beendet. Ein bereits ergangenes, aber noch nicht rechtskräftiges Scheidungsurteil wird mit Ausnahme der Kostenentscheidung wirkungslos (§ 619 ZPO).
Diese Regelung hat große Bedeutung im Sozialversicherungsrecht: Stirbt der sozialversicherte Ehegatte vor Eintritt der → Rechtskraft des schon erlassenen Scheidungsurteils, so bleiben dem anderen Ehegatten die Hinterbliebenenansprüche in vollem Umfang erhalten.
Wird jedoch der Scheidungsausspruch noch vor dem Tod eines Ehegatten rechtskräftig, fallen sämtliche Hinterbliebenenansprüche weg (§ 1564 BGB, § 619 ZPO); offen bleibt aber der → Versorgungsausgleich.

Im Zusammenhang mit → Verwandtenunterhalt

Der Unterhaltsanspruch (der Verwandten) erlischt mit dem Tod des Berechtigten oder Verpflichteten (§ 1615 Abs. 1 BGB). Im Fall des Todes des Berechtigten hat der bisher Verpflichtete die Kosten der Beerdigung zu tragen, soweit keine Bezahlung von den Erben zu erlangen ist (§ 1615 Abs. 2 BGB).

Im Zusammenhang mit dem Versorgungsausgleich

Mit dem Tod des Berechtigten erlischt der Ausgleichsanspruch (§ 1587e Abs. 2 BGB). Solange das Scheidungsurteil nicht rechtskräftig ist, braucht das Versorgungsausgleichsverfahren nicht durchgeführt zu werden, weil dem Berechtigten die vollen Hinterbliebenenbezüge (Renten, Pensionen) verbleiben.
Ist das Scheidungsverfahren rechtskräftig abgeschlossen, der Versorgungsausgleich aber noch nicht durchgeführt, kann der Überlebende seine Ausgleichsansprüche gegen die Erben geltend machen.
Wenn nach Durchführung des Ausgleichsverfahrens der Ausgleichsberechtigte verstirbt, der keine oder nur geringfügige Leistungen aus dem Versorgungsausgleich erhalten hat, unterbleiben die Rechtsfolgen des → Splittings ganz oder teilweise (→ Gesetz zur Regelung von Härten im Versorgungsausgleich).
→ Erlöschen des Unterhaltsanspruchs

Trennungsunterhalt

Leben die Ehegatten getrennt (→ Getrenntleben der Ehegatten), so kann ein Ehegatte von dem anderen den nach den Lebensverhältnissen und den Erwerbs- und Vermögensverhältnissen der Ehegatten angemessenen → Unterhalt verlangen (§ 1361 Abs. 1 BGB).

Der Trennungsunterhalt ist rechtlich anders zu beurteilen als der ➔ nacheheliche Unterhalt, jedoch gleichen sich die Unterhaltsbeträge, insbesondere bei längerer Trennung, den Regelsätzen der ➔ Düsseldorfer Tabelle an.

Voraussetzungen für den Trennungsunterhalt ist

❶ Bestand einer ➔ Ehe (ab Heirat bis ➔ Rechtskraft der ➔ Ehescheidung),

❷ völliges Getrenntleben der Eheleute,

❸ Bedürftigkeit des Ehegatten, der den Trennungsunterhalt verlangt (Die Bedürftigkeit entfällt nicht ohne weiteres beim Zusammenleben des Ehegatten mit einem neuen Partner in ➔ nichtehelicher Lebensgemeinschaft, weil durch eine eheähnliche Gemeinschaft Unterhaltsansprüche zwischen den neuen Partnern nicht begründet werden. Der Berechtigte muss sich aber unter Umständen Versorgungsleistungen und Arbeitsleistungen, die er für einen neuen Partner erbringt, sowie Vergütungen, die er von diesem erhält, anrechnen lassen. Wenn die getrennt lebende Ehefrau ihrem neuen Partner den Haushalt führt, kocht, wäscht usw., muss sie sich beispielsweise 500 DM wie eigenes Arbeitseinkommen bei der Berechnung ihres Unterhaltsanspruchs anrechnen lassen. Zu entscheiden ist die Frage, ob in diesem Fall die Inanspruchnahme des Verpflichteten ganz oder teilweise grob unbillig wäre; ➔ Ausschluss des Unterhaltsanspruchs bei grober Unbilligkeit; § 1361 Abs. 3, § 1579 Nr. 2 bis 7 BGB.),

❹ ➔ Leistungsfähigkeit des Unterhaltsverpflichteten.

Der Trennungsunterhalt umfasst – wie der nacheheliche Unterhalt – grundsätzlich den gesamten regelmäßigen Lebensbedarf des bedürftigen Ehegatten.

Elementarunterhalt

Hierzu zählen im Wesentlichen alle regelmäßigen Aufwendungen für Wohnen, Verpflegung, Freizeitgestaltung, Erholung, Gesundheitsfürsorge sowie persönliche und gesellschaftliche Bedürfnisse.

Vorsorgeunterhalt

Ab ➔ Rechtshängigkeit des Scheidungsverfahrens kann beim Trennungsunterhalt zusätzlich ein ➔ Vorsorgeunterhalt für den Fall des Alters und der Berufsunfähigkeit verlangt werden (§ 1361 Abs. 1 Satz 2 BGB). Von diesem Zeitpunkt an ist der Berechtigte nicht mehr an den Rentenanwartschaften des Verpflichteten beteiligt (➔ Versorgungsausgleich). Er kann deshalb von dem Unterhaltspflichtigen entsprechende Zahlungen verlangen, damit er während der Trennungszeit seine Rentenanwartschaften weiterzahlen kann. In den meisten Fällen wird ein solcher Vorsorgeunterhalt nicht geleistet, weil die wirtschaftlichen Möglichkeiten des Unterhaltspflichtigen dafür nicht ausreichen.

Krankenversicherung

Der Unterhaltsverpflichtete muss zusätzlich die Kosten der Krankenversicherung übernehmen, wenn der Unterhaltsbedürftige nicht oder nicht mehr bei ihm mitversichert ist, also in der Regel bei Privatversicherungen (➔ Versicherungen).

Mehrbedarf

Der Unterhaltsverpflichtete muss einen ➔ Mehrbedarf des Unterhaltsbedürftigen übernehmen, insbesondere den trennungsbedingten Mehrbedarf oder solchen Mehrbedarf, der durch Krankheit oder Ausbildung bedingt ist.
Haben die Ehegatten ihre Lebensgemeinschaft vor der Trennung so gestaltet, dass einer der Ehegatten einem Studium nachgeht, so ist diesem während der Trennung Ausbildungsunterhalt zu gewähren, wenn diese Ausbildung dem gemeinsamen Lebensplan der Ehegatten entsprochen hat. Während der Trennungszeit kommt eventuell noch ein Anspruch auf ➔ Sonderbedarf oder auf ➔ Prozesskostenvorschuss in Betracht.
Es ist nochmals besonders darauf hinzuweisen, dass der Trennungsunterhalt und der ➔ nacheheliche Unterhalt nicht identisch sind. Das bedeutet in der Praxis, dass mit Rechtskraft der Scheidung kein Trennungsunterhalt vom Unterhaltspflichtigen mehr gezahlt zu werden braucht. Ein entsprechendes Urteil auf Trennungsunterhalt tritt automatisch außer Kraft, auch wenn die Lebensverhältnisse für alle Beteiligten nach der Scheidung völlig gleich bleiben. Der Unterhaltsbedürftige muss für die Zeit nach der Scheidung den so genannten nachehelichen Unterhalt geltend machen; dabei ist stets zu berücksichtigen, dass der geschiedene Ehegatte seinen Krankenkassenbeitrag selbst bezahlen muss.

U

Umgangsrecht

Der Umgang des Kindes mit beiden Elternteilen gehört zum → Kindeswohl (§ 1626 Abs. 3 BGB). Das Umgangsrecht ist neu in § 1684 BGB geregelt. Danach hat nicht nur das Kind Recht auf Umgang mit den Eltern, sondern auch jeder Elternteil ist zum Umgang mit dem Kind verpflichtet und berechtigt. Dieser Umgang muss nicht immer „persönlich" sein, er kann auch brieflich oder telefonisch ausgeübt werden.

Die Eltern haben alles zu unterlassen, was das Verhältnis des Kindes zum jeweils anderen Elternteil beeinträchtigen oder die Erziehung erschweren könnte (§ 1684 Abs. 2 BGB).

Das → Familiengericht kann über den Umfang des Umgangsrechts entscheiden und seine Ausübung näher regeln (§ 1684 Abs. 3 BGB). Die Anordnungen des Familiengerichts können erforderlichenfalls durch Zwangsgeld oder notfalls mit Gewalt (Zwangshaft) durchgesetzt werden. Dazu heißt es in § 33 FGG: „Eine Gewaltanwendung gegen ein Kind darf nicht zugelassen werden, wenn das Kind herausgegeben werden soll um das Umgangsrecht auszuüben."

Das Familiengericht kann das Umgangsrecht oder den Vollzug früherer Entscheidungen über das Umgangsrecht einschränken oder ausschließen, soweit dies zum Wohl des Kindes erforderlich ist (§ 1684 Abs. 4 BGB). Das Familiengericht kann insbesondere anordnen, dass der Umgang nur stattfinden darf, wenn ein mitwirkungsbereiter Dritter anwesend ist, z. B. ein Vertreter des → Jugendamtes oder des Kinderschutzbundes. Eine solche Anordnung erfolgt in Ausnahmefällen, wenn seitens eines Elternteils die Befürchtung geäußert wird, dass nach Besuchskontakten Probleme im Umgang mit dem Kind auftreten können.

Die Vorschrift von § 1711 BGB, nach der dem nichtehelichen Vater vom → Vormundschaftsgericht ein Umgangsrecht mit dem Kind zugebilligt werden konnte, ist aufgehoben. Das bedeutet, dass nunmehr der nichteheliche Vater das gleiche Umgangsrecht wie ein ehelicher Vater hat.

Großeltern und Geschwister haben ebenfalls ein Recht auf Umgang mit dem Kind (§ 1685 Abs. 1 BGB), wenn dieser dem Wohl des Kindes dient. Außerdem haben auch der Ehegatte oder frühere Ehegatte eines Elternteils, der mit dem Kind längere Zeit in häuslicher Gemeinschaft gelebt hat, sowie Personen, bei denen das Kind längere Zeit in → Familienpflege war, ein Recht auf Umgang (§ 1685 Abs. 2 BGB).

→ Umgangsregelung

Umgangsregelung

Eine häufige Streitfrage zwischen getrennt lebenden Ehegatten (➔ Getrenntleben der Ehegatten) ist die tatsächliche Regelung des ➔ Umgangsrechtes mit einem Kind. Auf die Bedürfnisse und Wünsche des Kindes ist Rücksicht zu nehmen, aber auch auf die zeitlichen Einschränkungen wie bei Musikunterricht, Sportveranstaltungen usw.

Oft wird von dem Elternteil, bei dem sich das Kind befindet, dem anderen Elternteil gegenüber behauptet: „Das Kind will nicht." Der sorgeberechtigte Elternteil muss dem Kind klarzumachen versuchen, dass es auch die Verpflichtung hat, mit dem anderen Elternteil Umgang zu pflegen. Eine Gewaltanwendung kommt aber in keinem Fall in Betracht. Der umgangsberechtigte Elternteil ist seinerseits verpflichtet, sein Umgangsrecht auszuüben, er kann jedoch praktisch nicht dazu gezwungen werden.

Unter „vernünftigen" Eltern spielt sich meist folgende Umgangsregelung ein:

❶ Der umgangsberechtigte Elternteil holt das Kind alle 14 Tage sonnabends oder sonntags oder über das ganze Wochenende beim anderen Elternteil ab und bringt es abends wieder zurück.

❷ Ob eine Übernachtung beim umgangsberechtigten Elternteil stattfindet oder nicht, hängt von den räumlichen Gegebenheiten und auch von den Wünschen des Kindes ab.

❸ Außerdem ist üblich, dass der umgangsberechtigte Elternteil mit dem Kind in den großen Schulferien zwei oder drei Wochen Urlaub verbringt und an den zweiten Feiertagen (Weihnachten, Ostern und Pfingsten) einen zusätzlichen Besuchstag zur Verfügung hat.

❹ Wenn aus Krankheits- oder terminlichen Gründen ein vorgesehener Besuchstermin nicht stattfinden kann, sollte der andere Elternteil telefonisch benachrichtigt und ein Ersatztermin vereinbart werden.

Eine Vereinbarung über die Umgangsregelung braucht nicht schriftlich niedergelegt zu werden; im Laufe der Zeit spielt sich der Umgang oft von selbst ein. Das Kind besucht den anderen Elternteil und bestimmt somit selbst die Häufigkeit des Umgangs. Wenn die Eltern nahe beieinander wohnen, kann sogar täglicher Umgang erfolgen; bei großen Entfernungen findet der Umgang notgedrungen seltener statt. Falls der Elternteil, bei dem sich das Kind aufhält, den Umgang verweigert, kann eine gerichtliche Umgangsregelung beim ➔ Familiengericht beantragt werden.

➔ Kindeswohl

Unterhalt

Unter dem Begriff Unterhalt versteht man die Zusammenfassung aller Mittel, die ein Mensch zum Leben benötigt, insbesondere um sich Nahrung, Kleidung und Wohnung zu beschaffen (➔ Unterhaltsbedarf). Der

Unterhalt der Familie umfasst alles, was nach den Verhältnissen der Ehegatten erforderlich ist, um die laufenden Kosten des Haushalts zu bestreiten und die persönlichen Bedürfnisse der Ehegatten und den Lebensbedarf der gemeinsamen unterhaltsberechtigten Kinder zu befriedigen (➔ Familienunterhalt). Leben die Ehegatten getrennt (➔ Getrenntleben der Ehegatten), besteht Anspruch auf ➔ Trennungsunterhalt, sind die Ehegatten geschieden, auf ➔ nachehelichen Unterhalt. Daneben gibt es den ➔ Verwandtenunterhalt. Danach sind die Verwandten in gerader Linie verpflichtet, einander Unterhalt zu gewähren (§ 1601 ff. BGB). Hierzu gehören in erster Linie der ➔ Kindesunterhalt und der ➔ Elternunterhalt.

Die genannten Unterhaltsverpflichtungen beruhen auf gesetzlichen Vorschriften. Der Unterhaltspflichtige muss grundsätzlich den angemessenen Unterhalt leisten (➔ Unterhaltspflicht). Was angemessen ist, richtet sich nach der Lebensstellung des Bedürftigen und den finanziellen Möglichkeiten des Unterhaltspflichtigen (➔ Düsseldorfer Tabelle, ➔ Berliner Tabelle, ➔ Leistungsfähigkeit).

Neben den gesetzlichen Unterhaltsverpflichtungen gibt es die vertraglich vereinbarten Unterhaltsverpflichtungen, z. B. Hauskauf gegen Leibrente, und freiwillig geleistete Unterhaltszahlungen, z. B. des Onkels für seinen Neffen, um ihm ein Studium oder eine Urlaubsreise zu ermöglichen.

Unterhalt für die Vergangenheit

Unterhalt für die Vergangenheit kann nur verlangt werden, wenn entweder ➔ Rechtshängigkeit des Unterhaltsanspruchs oder Verzug gegeben sind (§ 1613 Abs. 1 BGB). Der Verzug tritt nicht mit Kalenderfälligkeit ein, sondern nur aufgrund ausdrücklicher Mahnung. Eine Unterhaltsnachforderung ist also ausgeschlossen, wenn sich der Bedürftige untätig verhält. Wenn der Bedürftige nichts verlangt, kann man davon ausgehen, dass er seinen ➔ Unterhaltsbedarf selbst decken kann. Außerdem muss der Verpflichtete rechtzeitig in die Lage versetzt werden, sich auf laufende Unterhaltszahlungen einzustellen. Dies gilt nicht für ➔ Sonderbedarf (§ 1613 Abs. 2, § 1585 Abs. 1 BGB).

Bei übergeleiteten und übergegangenen Ansprüchen kann der Unterhalt bereits ab der so genannten Rechtswahrungsanzeige verlangt werden. Das kommt unter anderem in Betracht bei Leistungen des Sozialamtes, BAFöG-Amtes, der Unterhaltsvorschusskasse und des Arbeitsamtes (Arbeitslosenhilfe).

Unterhaltsanspruch bei grober Unbilligkeit

➔ Ausschluss des Unterhaltsanspruchs bei grober Unbilligkeit

Unterhaltsbedarf

Der ➔ nacheheliche Unterhalt bestimmt sich nach den ehelichen Lebensverhältnissen und umfasst grundsätzlich den gesamten Lebensbedarf (§ 1578 BGB). Zu diesem Lebensbedarf gehören auch die Kosten einer angemessenen ➔ Versicherung für den Fall der Krankheit sowie die Kosten einer Schul- und Berufsausbildung, einer Fortbildung oder Umschulung, ferner die Kosten einer angemessenen Versicherung für den Fall des Alters sowie der Berufs- und Erwerbsunfähigkeit (➔ Vorsorgeunterhalt). Dieser Lebensbedarf oder Gesamtbedarf besteht also aus dem laufenden Elementarbedarf (➔ Elementarunterhalt) und bei Vorliegen besonderer Umstände einem regelmäßigen ➔ Mehrbedarf. Hinzu kann ein unregelmäßiger ➔ Sonderbedarf kommen.

Unterhaltsleistungen für Kinder/Ehegatten

Bei der Ermittlung des ➔ bereinigten Nettoeinkommens werden die Unterhaltsansprüche minderjähriger Kinder (➔ Kindesunterhalt) vorweg vom ➔ Einkommen des Pflichtigen abgesetzt. Obwohl die Unterhaltsansprüche des Ehegatten und der minderjährigen Kinder gleichrangig sind (➔ Rangverhältnis der Unterhaltsberechtigten, ➔ Bedarfskontrollbetrag), entspricht diese Handhabung gängiger Praxis. Nach der neuen ➔ Düsseldorfer Tabelle (siehe auch Seite 145, Anmerkung 5) sind die volljährigen unverheirateten Kinder bis zur Vollendung des 21. Lebensjahres den minderjährigen Kindern gleichgestellt, wenn sie im Haushalt der Eltern oder eines Elternteils leben und sich in der allgemeinen Schulausbildung befinden.

BEISPIEL

Das berücksichtigungsfähige Nettoeinkommen des Vaters – nach Abzug der 5-prozentigen berufsbedingten Pauschale – beträgt	3 000 DM
Nach der 3. Gruppe der Düsseldorfer Tabelle müsste der Vater für sein Kind im Alter bis 5 Jahre monatlich	398 DM
zahlen, sodass ihm verbleiben	2 602 DM

Dieser Betrag von 2 602 DM steht für den Selbstbehalt des Vaters und die anderen Unterhaltsberechtigten zur Verfügung.
Wenn die Mutter das Kindergeld mit 250 DM bekommt, kann der Vater die Hälfte des Kindergeldes, nämlich 125 DM, von der Zahlung an die Mutter in Abzug bringen, sodass er tatsächlich nur 273 DM für das Kind zu zahlen braucht.

Der Kindesunterhalt wird für die Berechnung des ➔ Ehegattenunterhaltes in Höhe der vollen Tabellensätze abgesetzt, ohne Abzug des hälftigen Anspruchs auf ➔ Kindergeld.

Unterhaltspflicht

Unterhaltspflicht der Ehegatten

Die Ehegatten sind beide verpflichtet, durch ihre Arbeit und mit ihrem Vermögen die Familie angemessen zu unterhalten (§ 1360 BGB; ➔ Familienunterhalt). Diese Unterhaltspflicht ist zwingend und bei jedem ➔ Güterstand gegeben (➔ Zugewinngemeinschaft, ➔ Gütertrennung, ➔ Gütergemeinschaft).
Die Unterhaltspflicht erstreckt sich auch auf die Kinder (§ 1360a Abs. 1 BGB; ➔ Kindesunterhalt), die aber nach § 1601 ff. BGB eigene Unterhaltsansprüche haben. Jeder Ehegatte hat zunächst seine Arbeitskraft (➔ Erwerbsobliegenheit) und den hieraus erzielten Verdienst sowie die anderen Einkünfte (➔ Einkommen/Einkünfte) und erforderlichenfalls den Stamm seines Vermögens zu verwenden. Ist einem Ehegatten die ➔ Haushaltsführung allein überlassen (➔ Hausmann/Hausfrau), erfüllt er seine Verpflichtung, durch Arbeit zum Unterhalt der Familie beizutragen in der Regel durch die Führung des Haushalts.
Der angemessene ➔ Unterhalt der Familie umfasst alles, was nach den Verhältnissen der Ehegatten erforderlich ist, um die laufenden Kosten des Haushalts zu bestreiten sowie die persönlichen Bedürfnisse der Ehegatten (➔ Taschengeld) und den Lebensbedarf der gemeinsamen unterhaltsberechtigten Kinder zu befriedigen (§ 1360a Abs. 1 BGB). Dem Ehegatten, der den Haushalt führt, ist Wirtschaftsgeld (Haushaltsgeld) zur Verfügung zu stellen (➔ Schlüsselgewalt). Beabsichtigt ein Ehegatte einen Rechtsstreit in einer persönlichen Angelegenheit zu führen (z. B. einen Ehescheidungsantrag einzureichen; ➔ Ehescheidung) oder wird gegen ihn ein Strafverfahren eingeleitet und kann er die Kosten nicht tragen, muss ihm der andere Ehegatte diese Kosten vorschießen (§ 1360a Abs. 4 BGB; ➔ Prozesskostenvorschuss).
Bei ➔ Getrenntleben der Ehegatten richtet sich ein etwaiger Unterhaltsanspruch nach den Lebens-, Erwerbs- und Vermögensverhältnissen der Ehegatten (§ 1361 BGB; ➔ Trennungsunterhalt, ➔ Vorsorgeunterhalt).
Zur Unterhaltspflicht nach der Scheidung siehe ➔ nachehelicher Unterhalt und ➔ Düsseldorfer Tabelle.

Unterhaltspflicht unter Verwandten

Nach § 1601 ff. BGB sind Verwandte in gerader Linie (➔ Verwandtschaft) verpflichtet, einander Unterhalt zu gewähren (➔ Verwandtenunterhalt).

Nach der Kindschaftsrechtsreform zum 1. Juli 1998 (➔ Familienrecht) sind die ehelichen und ➔ „nichtehelichen“ Kinder in unterhaltsrechtlicher Hinsicht völlig gleichgestellt.

Voraussetzung eines Unterhaltsanspruchs unter Verwandten ist die ➔ Bedürftigkeit des Berechtigten (§ 1602 Abs. 1 BGB) und die ➔ Leistungsfähigkeit des Verpflichteten (§ 1602 Abs. 1 BGB). Da die Höhe des angemessenen Unterhalts im Gesetz nicht festgelegt ist, werden in der gerichtlichen Praxis ➔ Unterhaltstabellen benutzt; am bekanntesten ist die Düsseldorfer Tabelle. Die Düsseldorfer Tabelle hatte sich – außer dem Ehegattenunterhalt – in der Vergangenheit auf die Unterhaltpflicht gegenüber volljährigen und minderjährigen Kindern beschränkt. In der seit dem 1. Juli 1998 gültigen Fassung ist neu eingefügt der „angemessene“ ➔ Selbstbehalt gegenüber den unterhaltsberechtigten Eltern (➔ Elternunterhalt), der mindestens monatlich 2 250 DM (einschließlich 800 DM Warmmiete) beträgt. Der angemessene Unterhalt des mit dem Unterhaltspflichtigen zusammenlebenden Ehegatten beträgt 1 750 DM (einschließlich 600 DM Warmmiete).

Es besteht keine weitergehende gesetzliche Unterhaltspflicht, z. B. unter Geschwistern und Verschwägerten (➔ Schwägerschaft) oder gegenüber Neffen und Nichten.

➔ Beschränkung und Wegfall der Unterhaltsverpflichtung, ➔ Rangverhältnis der Unterhaltsberechtigten

Unterhaltstabellen und Leitlinien

Die Familiensenate zahlreicher ➔ Oberlandesgerichte haben für die Berechnung von ➔ Kindes-, ➔ Ehegatten-, ➔ Eltern- und ➔ Vorsorgeunterhalt Leitlinien, Richtlinien, Grundsätze und Tabellen entwickelt, die der Vereinheitlichung der Rechtsprechung zur Bemessung des ➔ Unterhaltes dienen sollen. Sie stellen keine verbindlichen Regelungen dar, sondern verstehen sich als Orientierungshilfe, von der je nach Lage des Einzelfalles abgewichen werden kann und muss. Die bekannteste Tabelle, die in großen Teilen des westlichen Bundesgebietes angewendet wird, ist die ➔ Düsseldorfer Tabelle, für die neuen Bundesländer die ➔ Berliner Tabelle als Vortabelle zur Düsseldorfer Tabelle. In Bezug auf den Vorsorgeunterhalt wird die ➔ Bremer Tabelle angewendet.

Unterhaltsverzicht

Für die Zukunft kann auf ➔ Unterhalt nicht verzichtet werden (§ 1614 Abs. 1 BGB). Das gilt für Verwandte in gerader Linie (➔ Verwandtenunterhalt) und für Ehegatten, solange sie verheiratet sind (➔ Trennungsunterhalt). Auf ➔ nachehelichen Unterhalt kann jedoch verzichtet werden.

Eine übliche Klausel im Rahmen einer ➔ Scheidungfolgenvereinbarung lautet:

„Für den Fall der Scheidung verzichten wir wechselseitig auf Unterhalt und Unterhaltsbeiträge für Vergangenheit und Zukunft, auch für den Fall der Not.“ Einen solchen Unterhaltsverzicht kann auch der Ehegatte eingehen, der ein oder mehrere gemeinsame minderjährige Kinder zu betreuen hat. Allerdings muss in diesem Fall vor einem Unterhaltsverzicht ausdrücklich gewarnt werden. Die Sozialämter lassen einen Unterhaltsverzicht dann nicht gelten und sehen ihn als sittenwidrig an, wenn der Unterhaltsberechtigte, wie vorauszusehen war, sozialhilfebedürftig wird (➔ Sozialhilfe).

Unterhaltsvorschuss

Für ein Kind, das noch nicht zwölf Jahre alt ist und das bei einem allein erziehenden Elternteil lebt, wird auf Antrag von der Unterhaltsvorschusskasse ➔ Unterhalt gewährt, wenn der andere Elternteil keinen Unterhalt leistet. Die Unterhaltsvorschusskassen befinden sich beim jeweiligen ➔ Jugendamt.

Die Unterhaltsleistungen entsprechen den Mindestsätzen der Regelbetragsverordnung (➔ Regelsätze). Für jedes Kind können die Unterhaltsleistungen längstens auf die Dauer von 72 Monaten und gegebenenfalls drei Monate rückwirkend in Anspruch genommen werden.

Wenn die Unterhaltsvorschusskasse anstelle des Unterhaltspflichtigen (➔ Unterhaltspflicht) Unterhalt leistet, geht der Anspruch gegen den Unterhaltspflichtigen auf sie über.

Die Unterhaltsvorschusskasse wird hälftig von Bund und Ländern getragen. Das führt in der Praxis dazu, dass die Sozialämter der Städte und Gemeinden, wenn ein allein erziehender Elternteil für ein Kind unter zwölf Jahren Unterhalt beantragt, zunächst auf die Unterhaltsvorschusskasse verweisen bzw. mit dieser verrechnen.

Nach Presseberichten haben der Bund und die Länder 1997 an Unterhaltsbeträgen 1,6 Milliarden DM für Kinder „vorgestreckt“, deren Väter keinen Unterhalt gezahlt haben. Die Quote, die der Staat zurückholte, betrug nur 15%. Um „unterhaltsflüchtige Väter“ zu finden, sind zum 1. Juli 1998 verschiedene Gesetzesänderungen in Kraft getreten. Danach sind alle Sozialleistungsträger, Arbeitsämter, gesetzliche Krankenkassen und private Versicherungsunternehmen verpflichtet, den Jugendämtern erforderliche Auskünfte über die Einkünfte der betreffenden Väter zu geben.

Untersuchungsgrundsatz

In ➔ Familien- und Vormundschaftssachen, insbesondere ➔ Ehesachen, gilt als Leitlinie der Untersuchungsgrundsatz (§ 616 ZPO). Das bedeutet, dass das Gericht die entscheidungserheblichen Tatsachen selbst feststellen muss, ohne an den

Vortrag der Parteien und deren Beweisangebote gebunden zu sein.
➔ Amtsermittlungsgrundsatz

Unzumutbare Härte

➔ Scheidungsvoraussetzungen

Unzumutbare Tätigkeit

Die ➔ Erwerbsobliegenheit bezieht sich nur auf zumutbare Tätigkeiten. Wird der Berechtigte oder Verpflichtete dagegen „überobligationsmäßig" tätig, z. B. durch Berufstätigkeit nach Trennung trotz Betreuung kleiner Kinder, durch Nebentätigkeiten oder durch Ferienarbeit als Student, handelt es sich um eine so genannte unzumutbare Erwerbstätigkeit. Unzumutbar bedeutet, dass derjenige, der sie ausübt, unterhaltsrechtlich nicht gehindert ist, sie jederzeit zu beenden. Das gilt für den Unterhaltsberechtigten (➔ Unterhalt, ➔ Unterhaltsbedarf) wie für den Unterhaltsschuldner (➔ Unterhaltspflicht). Häufig wird im Rahmen von Unterhaltsprozessen um diesen Punkt gestritten.

BEISPIEL 1

Die Mutter war während der Ehe trotz Betreuung von zwei kleinen Kindern voll berufstätig. Nachdem der Mann sie verlassen hat, stellt sie ihre Berufstätigkeit ein und erklärt, sie sei nicht mehr in der Lage, diese unzumutbare Tätigkeit weiter auszuüben. Dazu ist sie berechtigt.

BEISPIEL 2

Der Ehemann hatte bisher, solange das Familienleben intakt war, in sehr großem Umfang Überstunden gemacht oder eine zusätzliche Nebentätigkeit ausgeübt, um für ein Familienheim zu sparen. Nach Trennung der Ehegatten beschränkt er seine Erwerbstätigkeit auf das übliche Maß. Zu der bisherigen Mehrarbeit kann er nicht gezwungen werden.

Urlaub

➔ Sonderbedarf

V

Vater

Als Vater eines Kindes gilt der Mann,
❶ der zum Zeitpunkt der Geburt mit der ➔ Mutter verheiratet ist (§ 1592 Nr. 1 BGB),
❷ der die Vaterschaft anerkannt hat (§ 1592 Nr. 2 BGB) oder
❸ dessen Vaterschaft gerichtlich festgestellt worden ist (§ 1592 Nr. 3 BGB).
Besonderheiten gelten bei Geburt eines Kindes während des Scheidungsverfahrens (➔ Ehescheidung). Innerhalb der Trennungszeit vor rechtskräftiger Scheidung werden häufig Kinder gezeugt, deren Vater nicht der Mann ist, mit dem die Mutter noch verheiratet ist. Deshalb gilt ein Kind, das nach ➔ Rechtskraft der Scheidung geboren wird, nicht mehr als eheliches Kind. Wird ein Kind vor Rechtskraft der Scheidung geboren, dann ist es noch ein eheliches Kind; jedoch kann ein Dritter (der richtige Vater) bis zum Ablauf eines Jahres nach Rechtskraft der Scheidung die Vaterschaft anerkennen. Hierzu bedarf er der Zustimmung des mit der Mutter verheirateten Ehemannes und der Mutter. In diesem Fall ist die Vaterschaftsvermutung des Ehemannes widerlegt (§ 1599 Abs. 2 BGB).
Haben Kinder von Samenspendern (➔ Künstliche Befruchtung) ein Recht darauf, zu erfahren, wer ihr Vater ist? In Deutschland schon! Hier muss der behandelnde Gynäkologe immer in der Lage sein, den Spender nachzuweisen. Und das kann zu gravierenden Problemen führen: Lässt sich beispielsweise ein Paar scheiden, das ein Kind durch eine Samenspende bekommen hat, muss nicht etwa der geschiedene Mann ➔ Unterhalt zahlen, sondern der Spender!
➔ Vaterschaftsanerkennung, ➔ Vaterschaftsanfechtung, ➔ Vaterschaftsfeststellungsklage

Vaterschaftsanerkennung

Ein unverheirateter ➔ Vater kann die Vaterschaft für sein Kind anerkennen, und zwar am einfachsten in Form einer öffentlichen Beurkundung beim ➔ Jugendamt oder Notar (§ 1592, 1597 BGB).
Für die Vaterschaftsanerkennung ist die Zustimmung der Mutter in öffentlich beglaubigter Form erforderlich (§ 1595 Abs. 1, § 1597 BGB). Verweigert die Mutter die Zustimmung, so kann der Vater die Vaterschaftsanerkennung widerrufen. Wenn der Vater trotzdem die Anerkennung seiner Vaterschaft durchsetzen will, bleibt ihm nur der Weg der ➔ Vaterschaftsfeststellungsklage.

Vaterschaftsanfechtung

Eine Vaterschaft (➔ Vater) kann angefochten werden (§ 1599 BGB). Anfechtungsberechtigt sind die ➔ Mutter und das Kind – in der Regel gesetzlich durch die Mutter vertreten – sowie der „Scheinvater“ (Ehemann der Mutter; § 1600 BGB).
Auf eine solche Klage des Mannes gegen das Kind oder auf Klage der Mutter oder des Kindes gegen den Mann entscheidet das ➔ Familiengericht über die Feststellung oder Anfechtung der Vaterschaft (§ 1600e BGB).
Aus Gründen der Statusklarheit und Rechtssicherheit besteht für alle Berechtigten eine Frist von zwei Jahren für eine Anfechtungsklage. Die Frist beginnt mit dem Zeitpunkt, in dem der Anfechtungsberechtigte von dem Umständen erfährt, die gegen die Vaterschaft sprechen (§ 1600b Abs. 1 BGB). Hat der gesetzliche Vertreter eines minderjährigen Kindes die Vaterschaft nicht rechtzeitig angefochten, so kann das Kind nach dem Eintritt der Volljährigkeit selbst anfechten (§ 1600b Abs. 3 BGB).
Der leibliche Vater hat kein Recht auf Anfechtung einer Scheinvaterschaft. Wenn also ein „fremdes“ Kind in einer Familie aufwächst, soll es nicht durch die Anfechtung aus dem gewachsenen Familienverband herausgerissen werden. Der leibliche Vater muss dies akzeptieren.
➔ Abstammung, ➔ Kenntnis der eigenen Abstammung

Vaterschaftsfeststellungsklage

Sofern die Vaterschaft eines Mannes (➔ Vater) nicht aufgrund der ➔ Ehe mit der ➔ Mutter oder aufgrund einer ➔ Vaterschaftsanerkennung besteht, gilt derjenige als Vater eines Kindes, dessen Vaterschaft gerichtlich festgestellt worden ist (§ 1592 Nr. 3, § 1600d BGB).
Ein prozessuales Vaterschaftsfeststellungsverfahren kann von der Mutter oder dem Kind gegen den vermeintlichen Vater durchgeführt werden. Diese Klage kann die Mutter selbst oder im Namen des Kindes oder mittels ➔ Beistandschaft des Jugendamtes gegen den Vater erheben. Der Vater seinerseits kann gegen das Kind auf Feststellung seiner Vaterschaft gerichtlich klagen, wenn die Mutter die Zustimmung zur Vaterschaftsanerkennung verweigert. In dem Vaterschaftsfeststellungsverfahren gilt die so genannte Vaterschaftsvermutung. Der Mann, der mit der Mutter während der ➔ Empfängniszeit verkehrt hat, wird als Vater angenommen, falls nicht schwerwiegende Zweifel an der Vaterschaft bestehen. Wenn der beklagte Mann im Vaterschaftsprozess einwendet, die Mutter des Kindes habe in der Empfängniszeit Verkehr mit anderen Männern gehabt, ist ein Blutgruppengutachten und gegebenenfalls ein genetisches Gutachten zur Feststellung der Vaterschaft erforderlich. Während heutzutage ein Blutgruppengutachten bereits zu einer 99-prozenti-

gen Wahrscheinlichkeit führt, können letzte Zweifel durch eine Analyse der Erbsubstanz (DNA-Analyse) ausgeräumt werden.

Verbundverfahren

Die Konstruktion des Verbundverfahrens ist eine Besonderheit des Scheidungsrechts. Durch den Verbund von → Ehescheidungs- und → Scheidungsfolgesachen sollen nach Möglichkeit alle wirtschaftlichen Folgen der Scheidung zusammen geklärt und gleichzeitig entschieden werden (§ 623, 629 ZPO). Von Amts wegen ergibt sich der Verbund nur im Hinblick auf die Scheidung und den → Versorgungsausgleich. Andere → Folgesachen wie Sorgerechtsverteilung (→ Elterliche Sorge), → Umgangsregelung, → Kindesunterhalt, → nachehelicher Unterhalt, Ehewohnung (→ Wohnungszuweisung), → Hausrat und → Zugewinnausgleich können bis zur letzten mündlichen Verhandlung im Scheidungsverfahren auf Antrag in den Verbund eingeführt werden. Für die Scheidung und die Folgesachen besteht → Anwaltszwang. Die Auflösung des Verbundes kommt nur dann in Betracht, wenn die gleichzeitige Entscheidung über die Folgesachen den Scheidungsausspruch so außergewöhnlich verzögern würde, dass der Aufschub auch unter Berücksichtigung der Bedeutung der Folgesache eine unzumutbare Härte darstellen würde (§ 628 ZPO). Wird ein Scheidungsantrag zurückgenommen, gilt dies auch für die Folgesachen (§ 626 ZPO).

Ein Scheidungsverfahren mit mehreren Verbundverfahren, so zeigt es die Praxis, wird außerordentlich unübersichtlich, hat aber den Kostenvorteil, dass die → Streitwerte zusammengerechnet werden und dadurch eine Gebührenersparnis eintritt. Verbundverfahren verzögern aber das Scheidungsverfahren ganz erheblich. Wer schnell geschieden werden will, sollte ein Verbundverfahren vermeiden. Das ist grundsätzlich nicht möglich für den Verbund mit dem Versorgungsausgleich; allein hierdurch entsteht eine Verzögerung von mindestens drei bis vier Monaten.

Vereinbarung über den Versorgungsausgleich

Die Ehegatten können im Zusammenhang mit der → Ehescheidung die → Folgesachen (→ Scheidungsfolgenvereinbarung) regeln, aber auch eine Vereinbarung über den → Versorgungsausgleich schließen. Durch eine solche Vereinbarung können allerdings Anwartschaftsrechte in einer gesetzlichen Rentenversicherung nicht begründet oder übertragen werden. Möglich ist aber die Begründung privater Rentenansprüche (§ 1587o Abs. 1 BGB). Die Vereinbarung muss notariell beurkundet werden. Sie bedarf der Genehmigung des → Familiengerichts. Die Genehmigung soll nur verweigert werden, wenn die vereinbarte Leistung offensichtlich nicht zur Sicherung des Berechtigten im Fall der Erwerbsunfähigkeit oder des Alters geeignet ist oder nach Art und Höhe zu keinem angemessenen Ausgleich zwischen den Ehegatten führt (§ 1587o Abs. 2 BGB).

Vereinfachtes Verfahren über den Unterhalt Minderjähriger

Zum 1. Juli 1998 wurde durch das neue Kindesunterhaltsgesetz (➔ Familienrecht) das vereinfachte Verfahren für die Festsetzung des ➔ Unterhaltes Minderjähriger eingeführt (§ 645 ff. ZPO). Es tritt wahlweise neben die Unterhaltsklage. Ist bereits eine solche anhängig, findet das vereinfachte Verfahren nicht statt (§ 645 Abs. 2 ZPO). Antragsberechtigt sind grundsätzlich alle minderjährigen Kinder (durch ihre gesetzlichen Vertreter). Die Unterscheidung in eheliche und ➔ „nichteheliche" Kinder entfällt. Der im Antrag geforderte Unterhalt orientiert sich an der Regelbedarfsverordnung. Bis zur Höhe des 1½-Fachen des Regelbetrages ist die Festsetzung im vereinfachten Verfahren zulässig. Erst wenn darüber hinaus Unterhalt gefordert wird, muss der normale Klageweg beschritten werden. Das vereinfachte Verfahren ist auch möglich wegen Anpassung an das Alter (➔ Regelsätze) sowie die allgemeine Einkommensentwicklung (➔ Anpassung von Unterhaltsrenten).

Auf den Antrag der unterhaltsberechtigten Kinder hin setzt das Gericht den Unterhalt durch Beschluss fest (§ 649 ZPO), falls vom Unterhaltsverpflichteten (➔ Unterhaltspflicht) keine oder nur unbeachtliche Einwendungen erhoben wurden.

Die Einwendungsbefugnis des Verpflichteten ist gemäß § 648 ZPO beschränkt. Einwendungen sind z. B. möglich gegen den Zeitpunkt, ab dem Unterhalt gezahlt werden soll.

Das vereinfachte Verfahren ist schneller, unbürokratischer und kostengünstiger als die Unterhaltsklage.

Während des vereinfachten Verfahrens können die Parteien jederzeit beantragen, dass das normale Klageverfahren durchgeführt wird (§ 651 ZPO).

Verjährung

Durch die Verjährung wird zwar der Unterhaltsanspruch (➔ Unterhalt) nicht beseitigt, aber der Unterhaltspflichtige (➔ Unterhaltspflicht) kann die Leistung verweigern (§ 222 BGB). Die Verjährung wird nicht von Amts wegen berücksichtigt, sondern der Unterhaltspflichtige muss sich ausdrücklich – durch eine so genannte Einrede – auf Verjährung berufen.

Unterhaltsrückstände verjähren nach vier Jahren (§ 197 BGB). Die Verjährung beginnt mit dem Schluss des Kalenderjahres, in dem die Leistung fällig geworden ist (§ 201 BGB).

BEISPIEL

Der Unterhaltsanspruch ist am 1. Juni 1999 fällig. Verjährungsbeginn ist also der 31. Dezember 1999, das Verjährungsende der 31. Dezember 2003.

Die Verjährung wird unterbrochen, wenn der Anspruch durch Zwangsvollstreckung geltend gemacht wird (§ 209 Abs. 2 Nr. 5 BGB), einfache Mahnung genügt nicht.

Verlöbnis

Das Verlöbnis ist ein Vertrag, durch den sich zwei Personen verschiedenen Geschlechtes wechselseitig die → Ehe versprechen. Das Verlöbnis ist zu unterscheiden von der → nichtehelichen Lebensgemeinschaft, denn diese setzt kein Eheversprechen voraus. Die Partner einer nichtehelichen Lebensgemeinschaft können aber verlobt sein, wenn sie die Absicht haben, eines Tages zu heiraten. Das Verlöbnis hat keine wesentliche Bedeutung, weil aus einem Verlöbnis nicht auf Eingehung der Ehe geklagt werden kann (§ 1297 Abs. 1 BGB). Rechtliche Konsequenzen ergeben sich allenfalls beim Rücktritt vom Verlöbnis, z. B. bei Aufwendungsersatz und bei der Rückgabe von Geschenken (§ 1298 ff. BGB).

Verlobte haben ein → Zeugnisverweigerungsrecht im Zivilprozess (§ 383 Abs. 1 Nr. 1 ZPO) und im Strafprozess (§ 52 Abs. 1 Nr. 1 StPO). Die Partner einer nichtehelichen Lebensgemeinschaft haben dieses Zeugnisverweigerungsrecht nicht.

Vermögenssorge

→ Elterliche Sorge

Versicherungen

Versicherungsbeiträge können bei der Berechnung des → bereinigten Nettoeinkommens als → Vorsorgeaufwendungen abzugsfähig sein. Dafür kommen infrage Beiträge zu Renten-, Arbeitslosen-, Kranken- und Pflegeversicherung, Beiträge zu privaten Kranken-, Krankentage- und Krankenhaustagegeld-Versicherungen, zu Unfall-, Rechtsschutz-, Haftpflicht- und Hausratversicherungen sowie zu Lebensversicherungen.

Versorgungsausgleich

Der Versorgungsausgleich ist durch das erste Ehereformgesetz zum 1. Juli 1977 in das BGB eingefügt worden. Sein Grundgedanke ist der Gleiche wie beim → Zugewinnausgleich: Die wirtschaftlichen Beiträge beider Ehegatten während der

Ehe gelten als gleichwertig. Da oft nur ein Ehegatte im Beruf Versorgungsansprüche erwirbt, soll er dem nicht erwerbstätigen Ehegatten im Fall der → Ehescheidung die Hälfte seiner während der Ehezeit erworbenen Versorgungsanwartschaften abgeben.

Dieser gesetzliche Versorgungsausgleich ist in den Paragrafen 1587 ff. BGB geregelt. Er wird grundsätzlich in jedem Scheidungsverfahren im Zwangsverbund (→ Verbundverfahren) vom → Familiengericht durchgeführt. Dabei werden sämtliche Rentenanwartschaften beider Ehegatten aus der Ehezeit ausgeglichen, und zwar so, dass die Hälfte des Wertunterschiedes auf den Ehegatten mit den geringeren Anwartschaften übertragen wird. Unproblematisch ist der Versorgungsausgleich, wenn beide Ehegatten oder nur ein Ehegatte gesetzliche Rentenanwartschaften und/oder gleichwertige Pensionsansprüche haben. Problematisch ist dagegen der Ausgleich mit Ansprüchen aus berufsständischen Versorgungen, privaten Rentenversicherungen (Lebensversicherungen auf Rentenbasis) und betrieblichen Altersversorgungen, weil derartige Rentenansprüche wegen ihrer unterschiedlich ausgeprägten Dynamik nicht ohne weiteres miteinander verglichen werden können. Gegebenenfalls muss ein so genannter → schuldrechtlicher Versorgungsausgleich (§ 1587f ff. BGB) durchgeführt werden. Lebensversicherungen als reine Kapitalversicherungen werden über den Zugewinnausgleich ausgeglichen, rentenmäßige Leistungen der Lebensversicherungen dagegen über den Versorgungsausgleich.

Auszugleichen sind

❶ Rentenanwartschaften der gesetzlichen Rentenversicherungen,

❷ Pensionsansprüche der Beamten, Richter, Berufssoldaten und Hochschullehrer,

❸ betriebliche Altersversorgungen (Sie werden nur mit ihrem Ehezeitanteil in den Versorgungsausgleich einbezogen, wenn sie unverfallbar geworden sind. Die Unverfallbarkeit tritt nach einer Betriebszugehörigkeit von zehn Jahren ein. Sie bewirkt, dass der Arbeitnehmer die Leistungen auch dann erhält, wenn er den Betrieb verlässt. Solange die Altersversorgung noch nicht unverfallbar ist, unterliegt sie dem schuldrechtlichen Versorgungsausgleich.),

❹ sonstige Versorgungen, insbesondere die berufsständischen Versorgungen der Ärzte, Rechtsanwälte, Steuerberater, und die Lebensversicherung auf Rentenbasis (Sie sind ebenfalls zeitanteilig auszugleichen. Reine Risikoversicherungen – auch Unfallversicherungen – unterliegen nicht dem Versorgungsausgleich.).

→ Auskunftsansprüche, → Realsplitting, → Splitting, Quasi-Splitting und Super-Splitting, → Vereinbarung über den Versorgungsausgleich, → Versorgungsausgleichs-Verfahren

Versorgungsausgleichs-Verfahren

Der öffentlich-rechtliche → Versorgungsausgleich (§ 1587 ff. BGB) wird regelmäßig im Verbund (→ Verbundverfahren) mit dem → Ehescheidungsverfahren durchgeführt. Ein isoliertes Versorgungsausgleichs-Verfahren kommt nur für den → schuldrechtlichen Versorgungsausgleich (§ 1587f ff. BGB) und für die Abänderung von Versorgungsausgleichs-Entscheidungen in Betracht (→ Gesetz zur Regelung von Härten im Versorgungsausgleich). Für das Versorgungsausgleichs-Verfahren gilt der → Amtsermittlungsgrundsatz (→ Untersuchtungsgrundsatz). Die Einholung der Auskünfte stellt keine Beweisaufnahme dar (→ Auskunftsansprüche). Soll ein Verbundurteil (Scheidung und Versorgungsausgleich) nur wegen der → Folgesache Versorgungsausgleich angefochten werden, ist → Rechtsmittel die befristete → Beschwerde, die innerhalb eines Monats beim → Oberlandesgericht einzulegen ist. In diesem isolierten Beschwerdeverfahren besteht kein → Anwaltszwang.

Für die Kostenentscheidung berechnet sich der Wert der Folgesache Versorgungsausgleich nach dem Jahreswert der übertragenen Anwartschaften, mindestens aber mit 1 000 DM → Streitwert.

Bewirkt die Durchführung des Versorgungsausgleichs erhebliche zeitliche Verzögerungen des Scheidungsverfahrens oder bereitet die Ermittlung der Versorgungsansprüche z. B. bei Auslandsberührung erhebliche Schwierigkeiten, kann das Gericht das Versorgungsausgleichs-Verfahren abtrennen (§ 628 ZPO; → Abtrennung von Folgesachen).

Die meisten Ehescheidungsverfahren könnten heutzutage, nachdem in der Regel keine Sorgerechtsentscheidung erforderlich ist (→ Elterliche Sorge), relativ schnell (in wenigen Wochen) vom Gericht durchgeführt werden, wenn es nicht den Versorgungsausgleich im Zwangsverbund gäbe. Für den Versorgungsausgleich sind zunächst von den Parteien mehrseitige Formulare auszufüllen, sodass schon hierdurch erhebliche Verzögerungen eintreten, zumal viele Ehegatten das Ausfüllen dieser umfangreichen Formulare scheuen. Wenn dann die Ehegatten die ausgefüllten Formulare beim Gericht eingereicht haben, dauert es bei den Versicherungsträgern mindestens weitere drei bis vier Monate, bis die Auskunftsanträge bearbeitet sind, sodass sich Scheidungsverfahren durch den Versorgungsausgleich in extremen Fällen jahrelang verzögern können.

→ Realsplitting, → Splitting, Quasi-Splitting und Super-Splitting, → Vereinbarung über den Versorgungsausgleich

Verwandtenunterhalt

Verwandte in gerader Linie sind verpflichtet, einander → Unterhalt zu gewähren (§ 1601 BGB). Der Kreis der Verpflichteten erstreckt sich auf die in gerader, auf- und absteigender Linie miteinander Verwandten, ohne Rücksicht auf den Grad der ➔ Verwandtschaft (siehe aber ➔ Rangverhältnis der Unterhaltsberechtigten). Nicht unterhaltspflichtig sind die in der Seitenlinie Verwandten und die Verschwägerten (➔ Schwägerschaft). So ist der Onkel seiner Nichte gegenüber oder der Ehemann seiner Schwägerin gegenüber nicht zum Unterhalt verpflichtet. Im Rahmen des Verwandtenunterhalts ist von besonderer Bedeutung der ➔ Kindesunterhalt, insbesondere gegenüber minderjährigen Kindern und volljährigen Kindern, die sich in der Schul- oder Berufsausbildung befinden (➔ Düsseldorfer Tabelle, ➔ Elternunterhalt). Seit dem 1. Juli 1998 wird grundsätzlich nicht mehr unterschieden zwischen ehelichen und ➔ „nichtehelichen" Kindern.

Der Unterhalt ist grundsätzlich durch Entrichtung einer Geldrente zu gewähren (§ 1612 Abs. 1 BGB). Eine Geldrente ist monatlich im Voraus zu zahlen (§ 1612 Abs. 3 BGB). In letzter Zeit hat die Bestimmung von § 1612 Abs. 2 BGB größere Bedeutung erlangt: „Haben Eltern einem unverheirateten Kind [auch einem volljährigen, solange es nicht verheiratet ist] Unterhalt zu gewähren, so können sie bestimmen, in welcher Art und für welche Zeit im Voraus der Unterhalt gewährt werden soll, wobei auf die Belange des Kindes die gebotene Rücksicht zu nehmen ist. Aus besonderen Gründen kann das Familiengericht auf Antrag des Kindes die Bestimmung der Eltern ändern." Diese Bestimmung kommt in Betracht, wenn z. B. Eltern ihrem unverheirateten Kind, das gerne mit seiner Freundin zusammenleben möchte, sagen: „Du kannst bei uns im Hause mietfrei wohnen, solange du deine Lehre machst, aber wir sind nicht bereit, dir eine Wohnung mit deiner Freundin zu finanzieren."

Auch wenn Verwandte in der Seitenlinie und Verschwägerte einander nicht unterhaltspflichtig sind, so kann jedoch eine familiäre oder moralische Verpflichtung zur Unterhaltsgewährung gegeben sein. Allerdings kann ein solcher Unterhalt vor Gericht nicht eingeklagt werden.

➔ Auskunftsansprüche, ➔ Unterhalt für die Vergangenheit, ➔ Verzicht auf Unterhalt, ➔ Beschränkung und Wegfall der Unterhaltsverpflichtung, ➔ Erlöschen des Unterhaltsanspruchs

Verwandtschaft

Verwandtschaft im eigentlichen Sinne ist die auf blutmäßiger ➔ Abstammung beruhende Verbindung mehrerer Personen (nicht Ehegatten). Verwandtschaft in gerader Linie liegt vor bei Personen, die voneinander abstammen (z. B. Großvater, Vater, Sohn), Verwandtschaft in der Seitenlinie bei Personen, die von derselben dritten Person abstammen (z. B. Geschwister, Cousinen und Cousins).

Der Grad der Verwandtschaft bestimmt sich nach der Zahl der sie vermittelnden Geburten (§ 1589 Abs. 1 BGB). So sind z. B. Vater und Sohn in gerader Linie im ersten Grad, Geschwister der Seitenlinie im zweiten Grad und Onkel und Neffen in der Seitenlinie im dritten Grad miteinander verwandt.

Darüber hinaus kennt das BGB (§ 1741 ff. BGB) eine Verwandtschaft im Rechtssinne, nämlich bei Annahme als Kind (➔ Adoption). Die Verwandtschaft hat besondere Bedeutung für die ➔ Unterhaltspflicht (nur für Verwandte in gerader Linie, nicht Seitenlinie; ➔ Verwandtenunterhalt) und im Erbrecht (gesetzliche Erbfolge).

➔ Schwägerschaft, ➔ Zeugnisverweigerungsrecht

Vormundschaftsgericht

Das Vormundschaftsgericht ist eine Abteilung des ➔ Amtsgerichts. Es ist zuständig für Vormundschafts-, Pflegschafts-, Betreuungs- und Unterbringungssachen (§ 35 FGG). Gegen die Entscheidungen des Vormundschaftsgerichts ist in der Regel ➔ Beschwerde an das übergeordnete ➔ Landgericht zulässig.

Das ➔ Familiengericht ist ebenfalls eine Abteilung des Amtsgerichts und entscheidet über die ➔ Familiensachen. Übergeordnetes Gericht ist in diesem Fall das ➔ Oberlandesgericht.

Vorname

Das Bestimmungsrecht hinsichtlich des Vornamens steht den sorgeberechtigten Eltern zu (➔ Elterliche Sorge). Aus der Ordnungsfunktion heraus ist die Anzahl der Vornamen auf vier zu beschränken. Jungen ist ein männlicher und Mädchen ein weiblicher Vorname zu geben, bei geschlechtsneutralen Vornamen ist ein das Geschlecht eindeutig bezeichnender zweiter Vorname hinzuzusetzen.

Können sich die Eltern nicht einigen, müssen sie das ➔ Familiengericht anrufen, das die Entscheidung einem Elternteil überträgt.

➔ Namensrecht

Vorsorgeaufwendungen

Bei der Ermittlung des ➔ bereinigten Nettoeinkommens sind zunächst vom Bruttoeinkommen die so genannten Vorsorgeaufwendungen abzusetzen. Das betrifft bei Arbeitnehmern in erster Linie die Beiträge zur gesetzlichen Sozialversicherung, und zwar den Arbeitnehmeranteil für Rentenversicherung, Arbeitslosenversicherung, Kranken- und Pflegeversicherung (➔ Versicherungen). Bei Beamten sind die Aufwendungen für eine private Krankenversicherung, die die von der Beihilfe nicht gedeckten Kosten übernimmt, zu berücksichtigen. Im Übrigen sind zusätzliche Krankenversicherungen, Kran-

ken- und Krankenhaustagegeld-Versicherungen normalerweise nicht erforderlich und damit nicht abzugsfähig. Das gilt auch für private Unfallversicherungen, Rechtsschutz-, Haftpflicht- und Hausratversicherungen, die wegen ihrer geringen Höhe meist als allgemeiner Bedarf angesehen werden und nicht abzugsfähig sind. Die Kfz-Versicherungen gehören zu den geltend gemachten ➔ Fahrtkosten bzw. ➔ berufsbedingten Aufwendungen.
Lebensversicherungen als Kapitalversicherungen dienen der Vermögensbildung und sind angesichts durchschnittlicher Einkommensverhältnisse nicht vorrangig. Zu beachten ist aber, dass die Parteien oft während der Ehezeit Versicherungsverträge abgeschlossen haben und diese nicht unmittelbar nach der Trennung kündigen können oder wollen. Es geht dann zunächst nicht um die Frage, ob die Beiträge bei der Ermittlung des Nettoeinkommens zu berücksichtigen sind, sondern vorrangig um die Frage, ob die Versicherungsverträge gekündigt werden müssen und zu welchem Zeitpunkt.
Selbstständige sind in der Regel nicht Mitglied einer gesetzlichen Sozialversicherung. Sie müssen selbst für das Alter vorsorgen und sich gegen die Risiken der Krankheit und der Erwerbsunfähigkeit versichern. Dazu gehören unter anderem auch Krankentagegeldversicherungen, weil Selbstständige keinen Lohnfortzahlungsanspruch haben. Lebensversicherungsaufwendungen der Selbstständigen, deren Höhe sich im Bereich der gesetzlichen Sozialversicherung hält (und zwar des Arbeitsnehmer- und Arbeitgeberanteils), sind in der Regel anzuerkennen. Bei überhöhten Aufwendungen kommen eventuell Kürzungen in Betracht.
➔ Bremer Tabelle, ➔ Vorsorgeunterhalt

Vorsorgeunterhalt

Der unterhaltsberechtigte geschiedene Ehegatte hat neben dem ➔ Elementarunterhalt Anspruch auf den so genannten Vorsorgeunterhalt für den Fall des Alters und der Krankheit (§ 1578 Abs. 2 und 3 BGB).
Daher müssen die Kosten für angemessenen Krankenversicherungsschutz und Altersvorsorge bei der Berechnung des verteilungsfähigen ➔ bereinigten Nettoeinkommens genauso berücksichtigt werden wie die Krankenkassenbeiträge des Unterhaltsschuldners. Der auf dem Vorsorgeunterhalt entfallende Betrag ist gesondert anzuweisen.
Solange die Ehegatten noch nicht geschieden sind (➔ Trennungsunterhalt), kann in der Regel davon ausgegangen werden, dass die Krankheitsvorsorge durch Mitversicherung des nicht erwerbstätigen beim erwerbstätigen Ehegatten sichergestellt ist.
➔ Vorsorgeaufwendungen

W

Wiederaufleben des Unterhaltsanspruchs

Der Unterhaltsanspruch (➔ Nachehelicher Unterhalt) erlischt mit der ➔ Wiederheirat des Unterhaltsberechtigten (§ 1585 Abs. 1 BGB). Wird die zweite Ehe des Unterhaltsberechtigten aber geschieden, kann der Unterhaltsanspruch gegen den ersten Ehegatten wieder aufleben. Der geschuldete ➔ Unterhalt bemisst sich dann nach den Verhältnissen der ersten Ehe. Voraussetzung ist jedoch, dass der Unterhaltsanspruch auf § 1570 BGB beruht, also ein Kind aus erster Ehe zu betreuen oder einer der Anschluss-Unterhaltstatbestände gegeben ist (Alter, Krankheit und Gebrechen, Arbeitslosigkeit und ehebedingte Ausbildungsnachteile). Der Anspruch gegen den ersten Ehegatten (meist Ehemann) ist jedoch nachrangig gegenüber dem Anspruch gegen den zweiten Ehegatten (§ 1586a BGB).

Wiedereinsetzung in den vorigen Stand

Wenn eine Partei ohne ihr Verschulden verhindert war, eine ➔ Notfrist oder eine Frist zur Begründung der ➔ Berufung, der ➔ Revision oder der befristeten ➔ Beschwerde einzuhalten, so ist ihr auf Antrag Wiedereinsetzung in den vorigen Stand zu gewähren (§ 233 ff. ZPO). Die Wiedereinsetzung muss innerhalb von zwei Wochen beantragt werden und beginnt mit dem Tage, an dem das Hindernis behoben ist. Nach Ablauf von einem Jahr ist eine Wiedereinsetzung nicht mehr möglich (§ 234 ZPO). Der Antrag muss eine Begründung enthalten und die Angaben sind glaubhaft zu machen. Außerdem ist innerhalb der Antragsfrist die versäumte Prozesshandlung nachzuholen (§ 236 ZPO). Über den Antrag auf Wiedereinsetzung entscheidet das Gericht, dem die Entscheidung über die nachgeholte Prozesshandlung zusteht (§ 237 ZPO).

Es ist sehr wichtig, das fehlende Verschulden glaubhaft zu machen, z. B. durch Vorlage einer Krankenhauseinweisung, eines Unfallbericht oder Ähnliches. Die eidesstattliche Versicherung ist zulässig.

Grundsätzlich wird vom ➔ Oberlandesgericht in einer ➔ Familiensache Wiedereinsetzung in den vorigen Stand gewährt, wenn das ➔ Rechtsmittel von der Gewährung der ➔ Prozesskostenhilfe abhängig war, diese erst später gewährt wird, aber rechtzeitig beantragt war.

Wiederheirat

Der Unterhaltsanspruch des geschiedenen Ehegatten erlischt mit der Wiederheirat oder dem ➔ Tod des Berechtigten (§ 1586 Abs. 1 BGB).
Geht der geschiedene Ehegatte eine neue ➔ Ehe ein und wird die Ehe wieder aufgelöst, so kann er von dem früheren Ehegatten ➔ Unterhalt verlangen (➔ Wiederaufleben des Unterhaltsanspruchs), wenn er ein Kind aus der früheren Ehe zu pflegen oder zu erziehen hat. Ist die Pflege oder Erziehung beendet, so kann er auch Unterhalt wegen Alters, Krankheit und anderen gesetzlichen Gründen erhalten (➔ Nachehelicher Unterhalt; § 1586b BGB).

Wohl des Kindes

➔ Kindeswohl

Wohnungszuweisung

Für die Frage, wer die Ehewohnung im Fall der Trennung (➔ Getrenntleben der Ehegatten) und der ➔ Ehescheidung zu bekommen hat, muss man unterscheiden, ob es sich um eine Mietwohnung handelt oder um eine Eigentumswohnung (einer oder beider Ehegatten).
Für die Mietwohnung gilt – wenn sich die Ehegatten nicht außergerichtlich einigen – die HausratsteilungsVO (➔ Hausratsverfahren/Hausratsteilung). Der Familienrichter kann danach die Mietwohnung zwischen den Eheleuten aufteilen oder sie einem der Ehegatten zur alleinigen Benutzung zuweisen. Maßstab für seine Entscheidung ist „billiges Ermessen unter Berücksichtigung des Kindeswohls" (§ 2 HausratsVO). Für den Fall der Scheidung kommt in der Regel nur die Zuweisung der gesamten Wohnung an einen Ehegatten in Betracht. Es ist zu beachten, welcher Ehegatte die Wohnung angemietet hat. Gegebenenfalls kann der Richter anordnen, dass das Mietverhältnis von dem anderen Ehegatten allein fortgesetzt werden soll. Obwohl der Richter damit erkennbar in die Rechte des Vermieters eingreift, ist er nicht an die Zustimmung des Vermieters gebunden. Voraussetzung hierfür ist jedoch, dass der Antrag auf Zuweisung der Ehewohnung spätestens innerhalb eines Jahres nach Rechtskraft der Scheidung gestellt wird (§ 5, 12 HausratsVO).
Für den Fall, dass die Wohnung Eigentum eines oder beider Eheleute ist, sieht die HausratsVO keine besondere Regelung vor. Nach dem Grundsatz der Billigkeit kann auch hierbei der Richter über Aufteilung und Alleinzuweisung entscheiden, gegebenenfalls durch Begründung eines Nutzungsverhältnisses unter Festsetzung eines Nutzungsentgeltes; dagegen ist die Übertragung von Wohnungseigentum nach der HausratsVO nicht möglich. Liegt die Wohnung im Haus eines Ehegatten, soll der Richter die Wohnung dem anderen

Ehegatten nur unter der Voraussetzung unbilliger Härte zuweisen (§ 3 HausratsVO). In der Trennungszeit richtet sich die Aufteilung der Ehewohnung nicht nach § 2 HausratsVO, sondern nach § 1361b BGB. Eine → einstweilige Anordnung nach § 18a und § 13 Abs. 4 HausratsVO im Rahmen eines isolierten Wohnungszuweisungsverfahrens wegen besonders schwerer Härte ist aber zulässig.

Wohnvorteil beim Wohnen im eigenen Haus

Der Wohnvorteil im eigenen Haus besteht im Wesentlichen darin, dass der Eigentümer für das Wohnen keine Mietzahlungen zu leisten braucht. Wenn die ersparten Mietaufwendungen höher sind als die mit dem Eigentum verbundenen Unkosten, ist die Differenz als → Einkommen anzusetzen, und zwar sowohl beim Unterhaltspflichtigen wie auch beim Unterhaltsberechtigten.

Der Wohnwert entspricht grundsätzlich der objektiven Marktmiete. Eine Ermittlung des Wohnwertes kann jedoch unterbleiben, wenn sich die Parteien auf einen bestimmten Wert einigen. Der Wohnvorteil ist aber kein Bargeld. In sehr vielen Fällen ist das Haus, das als Heim für die ganze Familie angelegt war, nach der Trennung für den zurückbleibenden Ehegatten zu groß und zu kostspielig. Eine Verwertung oder anderweitige Vermietung des Familienheims ist aber in der Trennungszeit nicht zumutbar (→ Getrenntleben der Ehegatten). Diese „aufgedrängte Bereicherung" hat zur Folge, dass in der Trennungszeit in der Regel nicht der objektiv erzielbare, sondern ein angemessener Betrag als Wohnwert anzusetzen ist. Die Berücksichtigung des Wohnwertes ist oft sehr streitig. Als Faustregel gilt die Drittel-Obergrenze. Danach beträgt der angemessene Wohnwert bis zu einem Drittel des → Unterhaltsbedarfs.

Z

Zeitliche Begrenzung

Der ➔ nacheheliche Unterhalt kann vom Gericht zeitlich begrenzt werden. Im Falle der Kinderbetreuung kommt eine zeitliche Beschränkung nur dann in Betracht, wenn sich der Beginn einer vollen ➔ Erwerbstätigkeit zuverlässig voraussagen lässt (§ 1579 BGB).
Die Faustregel „Dauer der Ehe + Kinderbetreuungszeit = Unterhaltsdauer" ist nur als grobe Richtlinie zu verwenden.

Zeugnisverweigerungsrecht

Im Strafprozess sind zur Verweigerung des Zeugnisses (§ 52 StPO) berechtigt
❶ der Verlobte des Beschuldigten (➔ Verlöbnis),
❷ der Ehegatte des Beschuldigten, auch wenn die ➔ Ehe nicht mehr besteht,
❸ derjenige, der mit dem Beschuldigten in gerader Linie verwandt oder verschwägert, in der Seitenlinie bis zum dritten Grad verwandt oder bis zum zweiten Grad verschwägert ist oder war (➔ Verwandtschaft, ➔ Schwägerschaft).

Das gleiche Zeugnisverweigerungsrecht gilt im Zivilprozess gemäß § 383 Abs. 1 ZPO. Die Partner einer ➔ nichtehelichen Lebensgemeinschaft haben kein Zeugnisverweigerungsrecht.

Zerrüttungsprinzip

➔ Scheidungsvoraussetzungen

Züchtigungsverbot

„Entwürdigende Erziehungsmaßnahmen, insbesondere körperliche und seelische Misshandlungen sind unzulässig" (§ 1631 Abs. 2 BGB). Dieser Gesetzesbestimmung ist ein heftiger parlamentarischer Streit vorausgegangen. Die SPD und insbesondere der Kinderschutzbund forderten eine „gewaltfreie Erziehung". Die konservativen Parteien hielten eine maßvolle Züchtigung für zulässig.
Der berühmte „Klaps auf dem Po" ist noch erlaubt.
➔ Elterliche Sorge

Zugewinn

Zugewinn ist der Betrag, um den das Endvermögen eines Ehegatten bei Beendigung des gesetzlichen ➔ Güterstandes der ➔ Zugewinngemeinschaft das ➔ Anfangsvermögen übersteigt (§ 1373 BGB).

Anfangsvermögen ist dabei das Vermögen, das einem Ehegatten nach Abzug der Verbindlichkeiten bei Beginn des Güterstandes gehört. Das Anfangsvermögen kann aber nicht negativ sein, sodass es bei Überwiegen der Verbindlichkeiten mit Null bewertet wird. Dem Anfangsvermögen ist ein späterer Erwerb von Todes wegen (Erbschaft) oder durch Schenkung hinzuzurechnen, weil grundsätzlich nur das Vermögen ausgeglichen werden soll, das durch Arbeit der Ehegatten erworben worden ist (§ 1374 BGB).

Endvermögen ist das Vermögen, das einem Ehegatten nach Abzug der Schulden bei Beendigung des Güterstandes gehört. Dem Endvermögen werden die Beträge hinzugerechnet, um die sich das Vermögen eines Ehegatten in den letzten zehn Jahren – ohne Einverständnis des anderen Ehegatten – durch unentgeltliche Zuwendungen an unbeteiligte Dritte (Verschwendung oder Verschleuderung) vermindert hat (§ 1375 BGB).

Für die Berechnung gilt der Verkehrswert der Vermögenswerte und Gegenstände zum jeweiligen Zeitpunkt, für das Anfangsvermögen also der Wert zu Beginn, für das Endvermögen der Wert am Ende des gesetzlichen Güterstandes (§ 1376 BGB). Bei der → Ehescheidung ist der Zeitpunkt der Stellung des Scheidungsantrages maßgeblich (§ 1384 BGB).

Die Ehegatten können ein Verzeichnis über das Anfangsvermögen erstellen und sind hierzu auf Verlangen des anderen Ehegatten verpflichtet; in diesem Fall wird die Richtigkeit des Verzeichnisses angenommen. Ist kein Verzeichnis erstellt, so wird bis zum Beweis des Gegenteils vermutet, dass das Endvermögen eines Ehegatten seinem Zugewinn entspricht, ein Anfangsvermögen also nicht vorhanden war (§ 1377 Abs. 3 BGB).

→ Zugewinnausgleich

Zugewinnausgleich

Bei Beendigung des gesetzlichen → Güterstandes der → Zugewinngemeinschaft wird der in der → Ehe erzielte → Zugewinn ausgeglichen. Die gesetzliche Regelung unterscheidet sich bei Beendigung durch den → Tod von anderen Fällen, insbesondere bei → Ehescheidung.

Zugewinnausgleich im Todesfall

Wird der Güterstand der Zugewinngemeinschaft durch den Tod eines Ehegatten beendet, so wird der Zugewinn – ohne Rücksicht darauf, ob der Ehegatte tatsächlich einen Zugewinn erzielt hat – dadurch ausgeglichen, dass der gesetzliche Erbteil des überlebenden Ehegatten um ein Viertel der Erbschaft erhöht wird (§ 1371 BGB). Dies ist die so genannte erbrechtliche Lösung. Der überlebende Ehegatte erhält daher bei gesetzlicher Erbfolge und Vorhandensein gemeinschaftlicher Kinder statt eines Viertels (§ 1931 BGB) die

Hälfte der Erbschaft. Diese erbrechtliche Lösung gilt nur, wenn der überlebende Ehegatte Erbe oder Vermächtnisnehmer geworden ist; wird der überlebende Ehegatte dagegen nicht gesetzlicher oder testamentarischer Erbe, so kann er – neben dem Pflichtteil – den Ausgleich des Zugewinns nach den allgemeinen Vorschriften verlangen (§ 1371 Abs. 2 BGB).

Zugewinnausgleich in anderen Fällen, insbesondere Ehescheidung

Wird die Ehe nicht durch den Tod eines Ehegatten aufgelöst, sondern durch Ehescheidung oder Eheaufhebung (➔ Aufhebungsverfahren), so wird der Zugewinn dadurch ausgeglichen, dass der Ehegatte, der keinen oder nur einen geringeren Zugewinn erzielt hat, eine schuldrechtliche Ausgleichsforderung in Höhe der Hälfte des Überschusses des anderen Ehegatten erhält (§ 1372, 1378 Abs. 1 BGB). Sonderbestimmungen gelten für die Teilung des ➔ Hausrats nach der HausratsVO (➔ Hausratsverfahren/Hausratsteilung).
Die Ausgleichsforderung entsteht mit Beendigung des Güterstandes (bei Ehescheidung mit ➔ Rechtshängigkeit des Scheidungsantrages; § 1384 BGB) und ist von diesem Zeitpunkt an vererblich und übertragbar.
Die Ausgleichsforderung verjährt in drei Jahren. Die Frist beginnt mit dem Zeitpunkt, in dem der Ehegatte erfährt, dass der Güterstand beendet ist, spätestens in 30 Jahren (§ 1378 Abs. 4 BGB); in der Regel beginnt der Fristlauf also in drei Jahren nach Rechtskraft der Scheidung.
➔ Stundung des Zugewinnausgleichs

Zugewinngemeinschaft

Die Zugewinngemeinschaft (§ 1363 ff. BGB) ist ein gesetzlicher ➔ Güterstand, der durch das Gleichberechtigungsgesetz vom 1. Juli 1958 eingeführt worden ist. Dieser gesetzliche Güterstand tritt mit der ➔ Eheschließung kraft Gesetzes ein, falls die Ehegatten nicht notariell ➔ Gütertrennung oder ➔ Gütergemeinschaft vereinbart haben.
Der gesetzliche Güterstand der Eigentums- und Vermögensgemeinschaft, der in der früheren DDR gegolten hat, ist mit der Wiedervereinigung zum 3. Oktober 1990 in die Zugewinngemeinschaft übergegangen.
Die Zugewinngemeinschaft folgt dem Grundsatz der Gütertrennung, sieht aber bei Beendigung dieses Güterstandes eine Ausgleichung des während der Ehezeit erworbenen Vermögens der Ehegatten vor (§ 1363 Abs. 2 Satz 2 BGB).
Jeder Ehegatte bleibt alleiniger Schuldner oder Vermögensinhaber. Wer Eigentümer des in der Ehe hinzuerworbenen Vermögens wird, richtet sich nach den allgemeinen Vorschriften. Das Gleiche gilt für Verbindlichkeiten, die ein Ehegatte eingeht. Das Gesetz ordnet keine Mithaftung

der Ehegatten an (Ausnahme bei der ➔ Schlüsselgewalt).

Die Zugewinngemeinschaft erlaubt jedem Ehegatten grundsätzlich die freie Verwaltung seines Vermögens (§ 1364 BGB). Beschränkungen bestehen jedoch bei Verfügungen über das Vermögen im Ganzen (insoweit nur mit Einwilligung des anderen Ehegatten; § 1365 BGB), ebenso bei Verfügungen über Haushaltsgegenstände (§ 1369 BGB). Einseitige Rechtsgeschäfte (Kündigungen, Anfechtungen) sind ohne die erforderliche Einwilligung des anderen Ehegatten unwirksam (§ 1367 BGB).

➔ Zugewinn, ➔ Zugewinnausgleich

Zuständigkeiten des Familiengerichts

Sachliche Zuständigkeit

Allein das ➔ Familiengericht ist zuständig für ➔ Familiensachen (§ 621 ZPO), nämlich

❶ die ➔ elterliche Sorge für ein Kind,
❷ die Regelung des Umgangs mit einem Kind (➔ Umgangsrecht),
❸ die Herausgabe des Kindes,
❹ die durch Verwandtschaft begründete gesetzliche Unterhaltspflicht (➔ Verwandtenunterhalt),
❺ die durch die Ehe begründete gesetzliche Unterhaltspflicht (➔ Nachehelicher Unterhalt),
❻ den ➔ Versorgungsausgleich,
❼ die Regelung der Ehewohnung (➔ Wohnungszuweisung) und des ➔ Hausrats (➔ Hausratsverfahren/Hausratsteilung),
❽ Ansprüche aus dem ehelichen Güterrecht (➔ Zugewinn),
❾ Stundung der Ausgleichsforderung und Übertragung von Vermögenswerten (§ 1382 f. BGB),
❿ Kindschaftssachen (➔ Abstammung),
⓫ Unterhaltsanspruch zwischen den Eltern des Kindes (§ 1615l BGB) und Beerdigungskosten für die Mutter (§ 1615m BGB; ➔ „Nichteheliches" Kind),
⓬ Verfahren wegen ➔ Ehe und Eheaufhebung (➔ Ehescheidung, ➔ Aufhebungsverfahren).

Örtliche Zuständigkeit

Die örtliche Zuständigkeit ist in Familiensachen unterschiedlich geregelt. Ist eine Ehesache anhängig, so gilt § 606 ZPO (siehe folgender Abschnitt). Das gilt für alle Familiensachen, und zwar auch für solche, die nicht im Verbund (➔ Verbundverfahren) anhängig gemacht werden können (z. B. ➔ Trennungsunterhalt; § 622 ZPO). Im Übrigen gelten die allgemeinen Vorschriften, d. h. in der Regel bestimmt sich die Zuständigkeit nach dem Wohnsitz des Beklagten (§ 12 f. ZPO).

Zuständigkeit in Ehesachen

Es gilt ausschließlich die zwingende Regelung von § 606 ZPO: In erster Linie zuständig ist das Gericht des gewöhnlichen Aufenthaltsortes beider Ehegatten. An zweiter Stelle zuständig ist das Gericht, in dessen Bezirk sich der gemeinsame gewöhnliche Aufenthalt eines Ehegatten mit den gemeinschaftlichen minderjährigen Kindern befindet.
Wenn keine Kinder vorhanden sind, ist das Gericht des letzten gemeinsamen gewöhnlichen Aufenthalts beider Ehegatten zuständig, falls noch ein Ehegatte in diesem Bezirk wohnt. Ist dies nicht der Fall, ist das Gericht zuständig, in dessen Bezirk sich der gewöhnliche Aufenthalt des Beklagten oder Antragsgegners befindet, und letztlich das Gericht des gewöhnlichen Aufenthaltsortes des Klägers oder Antragstellers. Ist keiner der vorgenannten Gerichtsstände gegeben, ist das Familiengericht beim Amtsgericht Berlin Schöneberg zuständig.
Hinsichtlich der sachlichen und örtlichen Zuständigkeit in Ehesachen handelt es sich um ausschließliche Gerichtsstände. Das bedeutet, dass kein anderer Gerichtsstand vereinbart werden kann.
Für die internationale Zuständigkeit gilt § 606a ZPO. Danach sind für Ehesachen die deutschen Gerichte zuständig, wenn
❶ ein Ehegatte Deutscher ist oder bei der Eheschließung war,
❷ beide Ehegatten ihren gewöhnlichen Aufenthalt im Inland haben (Ausländer können also von einem deutschen Gericht geschieden werden, jedoch nicht, wenn ein deutsches Urteil in deren Heimatstaat nicht anerkannt würde; keine Probleme bestehen in dieser Hinsicht bei Bürgern aus Großbritannien, den Niederlanden, Polen und der Türkei.),
❸ ein Ehegatte Staatenloser mit gewöhnlichem Aufenthalt im Inland ist; gleichgestellt sind Flüchtlinge im Sinne des Genfer UN-Abkommens, Asylberechtigte sowie Kontingentflüchtlinge.

Zuwendungen

→ Ehebedingte Zuwendungen, → Schenkungen unter Ehegatten

Anhang

Düsseldorfer Tabelle

A. Kindesunterhalt

	Nettoeinkommen des Barunterhalts-pflichtigen (Anm. 3, 4)	Altersstufen in Jahren (§ 1612a III BGB) 0–5	6–11	12–17	ab 18	Vom-hundert-satz	Bedarfs-kontroll-betrag (Anm. 6)
1.	bis 2 400	349	424	502	580	100	1 300/1 500
2.	2 400–2 700	374	454	538	621	107	1 600
3.	2 700–3 100	398	484	573	662	114	1 700
4.	3 100–3 600	423	514	608	702	121	1 800
5.	3 500–3 900	447	543	643	743	128	1 900
6.	3 900–4 300	471	570	677	783	135	2 000
7.	4 300–4 700	496	603	713	824	142	2 100
8.	4 700–5 100	524	636	753	870	150	2 200
9.	5 100–5 800	559	679	804	928	160	2 350
10.	5 800–6 500	594	721	854	986	170	2 500
11.	6 500–7 200	629	764	904	1 044	180	2 650
12.	7 200–8 000	664	806	954	1 102	190	2 800
13.	über 8 000	nach den Umständen des Falles					

Anmerkungen:

1. Die Tabelle weist monatliche Unterhaltsrichtsätze aus, bezogen auf einen gegenüber einem Ehegatten und zwei Kindern Unterhaltspflichtigen.
   Bei einer größeren/geringeren Anzahl Unterhaltsberechtigter sind *Ab- oder Zuschläge* in Höhe eines Zwischenbetrages oder durch Einstufung in niedrigere/höhere Gruppen angemessen. Bei überdurchschnittlicher Unterhaltslast ist Anmerkung 6 zu beachten. Zur Deckung des notwendigen Mindestbedarfs aller Beteiligten – einschließlich des Ehegatten – ist gegebenenfalls eine Herabstufung bis in die unterste Tabel-

lengruppe vorzunehmen. Reicht das verfügbare Einkommen auch dann nicht aus, erfolgt eine Mangelberechnung nach Abschnitt C.

2. Die Richtsätze der 1. Einkommensgruppe entsprechen dem *Regelbetrag* nach der RegelbetragVO für den Westteil der Bundesrepublik (Art. 2 des Kindesunterhaltsgesetzes v. 6. 4. 1998 – BGBl. 1666). Der Vomhundertsatz drückt die Steigerung des Richtsätzes der jeweiligen Einkommensgruppe gegenüber dem Regelbetrag (= 1. Einkommensgruppe) aus. Die durch Multiplikation des Regelbetrages mit dem Vomhundertsatz errechneten Richtsätze sind entsprechend § 1612a II BGB aufgerundet. Die Beträge der 6. Einkommensgruppe sind geringfügig niedriger festgesetzt als die sich rechnerisch ergebenden Beträge, damit die Übereinstimmung mit der für das Beitrittsgebiet geltenden Berliner Tabelle gewahrt bleibt.
3. *Berufsbedingte Aufwendungen,* die sich von den privaten Lebenshaltungskosten nach objektiven Merkmalen eindeutig abgrenzen lassen, sind vom Einkommen abzuziehen, wobei bei entsprechenden Anhaltspunkten eine Pauschale von 5% des Nettoeinkommens – mindestens 90 DM, bei geringfügiger Teilzeitarbeit auch weniger, und höchstens 260 DM monatlich – geschätzt werden kann. Übersteigen die berufsbedingten Aufwendungen die Pauschale, sind sie insgesamt nachzuweisen.
4. Berücksichtigungsfähige *Schulden* sind in der Regel vom Einkommen abzuziehen.
5. Der *notwendige Eigenbedarf (Selbstbehalt)*
   - gegenüber minderjährigen Kindern,
   - gegenüber volljährigen unverheirateten Kindern bis zur Vollendung des 21. Lebensjahres, die im Haushalt der Eltern oder eines Elternteils leben und sich in der allgemeinen Schulausbildung befinden,

   beträgt beim nicht erwerbstätigen Unterhaltspflichtigen monatlich 1 300 DM, beim erwerbstätigen Unterhaltspflichtigen monatlich 1 500 DM. Hierin sind die 650 DM für Unterkunft einschließlich umlagefähiger Nebenkosten und Heizung (Warmmiete) enthalten. Der Selbstbehalt kann angemessen erhöht werden, wenn dieser Betrag im Einzelfall erheblich überschritten wird und dies nicht vermeidbar ist.

   Der *angemessene Eigenbedarf,* insbesondere gegenüber anderen volljährigen Kindern, beträgt in der Regel mindestens 1 800 DM. Darin ist eine Warmmiete bis 800 DM enthalten.
6. Der *Bedarfskontrollbetrag* des Unterhaltspflichtigen ab Gruppe 2 ist nicht identisch mit dem Eigenbedarf. Er soll eine ausgewogene Verteilung des Einkommens zwischen dem Unterhaltspflichtigen und den unterhaltsberechtigten Kindern gewährleisten. Wird er unter Berücksichtigung auch des Ehe-

gattenunterhalts (vgl. auch B. V und VI) unterschritten, ist der Tabellenbetrag der nächst niedrigeren Gruppe, deren Bedarfskontrollbetrag nicht unterschritten wird, oder ein Zwischenbetrag anzusetzen.

7. Bei *volljährigen Kindern,* die noch im Haushalt der Eltern oder eines Elternteils wohnen, bemisst sich der Unterhalt nach der 4. Altersstufe der Tabelle.
   Der angemessene Gesamtunterhaltsbedarf eines *Studierenden,* der nicht bei seinen Eltern oder einem Elternteil wohnt, beträgt in der Regel monatlich 1 100 DM. Dieser Bedarfssatz kann auch für ein Kind mit eigenem Haushalt angesetzt werden.
8. Die *Ausbildungsvergütung* eines in der Berufsausbildung stehenden Kindes, das im Haushalt der Eltern oder eines Elternteils wohnt, ist vor ihrer Anrechnung in der Regel um einen ausbildungsbedingten Mehrbedarf von monatlich 150 DM zu kürzen.
9. In den Unterhaltsbeträgen (Anmerkungen 1 und 7) sind *Beiträge zur Kranken- und Pflegeversicherung* nicht enthalten.

B. Ehegattenunterhalt

I. *Monatliche Unterhaltsrichtsätze des berechtigten Ehegatten ohne gemeinsame unterhaltsberechtigte Kinder (§§ 1361, 1569, 1578, 1581 BGB):*

1. gegen einen *erwerbstätigen Unterhaltspflichtigen:*

a) wenn der Berechtigte kein Einkommen hat: 3/7 des anrechenbaren Erwerbseinkommens zuzüglich 1/2 der anrechenbaren sonstigen Einkünfte des Pflichtigen, nach oben begrenzt durch den vollen Unterhalt, gemessen an den zu berücksichtigenden ehelichen Verhältnissen;

b) wenn der Berechtigte ebenfalls Einkommen hat:

aa) Doppelverdienerehe: 3/7 der Differenz zwischen den anrechenbaren Erwerbseinkommen der Ehegatten, insgesamt begrenzt durch den vollen ehelichen Bedarf; für sonstige anrechenbare Einkünfte gilt der Halbteilungsgrundsatz;

bb) Alleinverdienerehe:	Unterschiedsbetrag zwischen dem vollen ehelichen Bedarf und dem anrechenbaren Einkommen des Berechtigten, wobei Erwerbseinkommen um 1/7 zu kürzen ist; der Unterhaltsanspruch darf jedoch nicht höher sein als bei einer Berechnung nach aa);
c) wenn der Berechtigte erwerbstätig ist, obwohl ihn keine Erwerbsobliegenheit trifft:	gemäß § 1577 II BGB;
2. gegen einen *nicht erwerbstätigen Unterhaltspflichtigen* (z. B. Rentner):	wie zu 1 a), b) oder c), jedoch 50%.

II. Fortgeltung früheren Rechts:

1. Monatliche Unterhaltsrichtsätze des nach dem Ehegesetz berechtigten Ehegatten *ohne gemeinsame unterhaltsberechtigte Kinder:*

a) §§ 58, 59 EheG:	in der Regel wie I.,
b) § 60 EheG:	in der Regel 1/2 des Unterhalts zu I.,
c) § 61 EheG:	nach Billigkeit bis zu den Sätzen I.

2. Bei Ehegatten, die vor dem 3. 10. 1990 in der früheren DDR geschieden worden sind, ist das DDR-FGB in Verbindung mit dem Einigungsvertrag zu berücksichtigen (Art. 234 § 5 EGBGB).

III. Monatliche Unterhaltsrichtsätze des berechtigten Ehegatten bei Vorhandensein gemeinsamer unterhaltsberechtigter minderjähriger Kinder und ihnen gleichgestellter volljähriger Kinder im Sinne des § 1603 II Satz 2 BGB:
Wie zu I. bzw. II. 1., jedoch wird vorab der Kindesunterhalt (Tabellenbetrag ohne Abzug von Kindergeld) vom Nettoeinkommen des Pflichtigen abgezogen.

IV. *Monatlicher notwendiger Eigenbedarf (Selbstbehalt) gegenüber dem getrennt lebenden und dem geschiedenen Berechtigten:*

1. wenn der Unterhaltspflichtige *erwerbstätig* ist:	1 500 DM,
2. wenn der Unterhaltspflichtige *nicht erwerbstätig* ist:	1 300 DM.

Dem geschiedenen Unterhaltspflichtigen ist nach Maßgabe des § 1581 BGB unter Umständen ein höherer Betrag zu belassen.

V. *Monatlicher notwendiger Eigenbedarf (Existenzminimum) des unterhaltsberechtigten Ehegatten einschließlich des trennungsbedingten Mehrbedarfs in der Regel:*
1. falls erwerbstätig: 1 500 DM,
2. falls nicht erwerbstätig: 1 300 DM.

VI. Monatlicher notwendiger Eigenbedarf (Existenzminimum) des Ehegatten, der in einem *gemeinsamen Haushalt mit dem Unterhaltspflichtigen lebt:*
1. falls erwerbstätig: 1 100 DM,
2. falls nicht erwerbstätig: 950 DM.

Anmerkung zu I – III:
Hinsichtlich *berufsbedingter Aufwendungen* und *berücksichtigungsfähiger Schulden* gelten Anmerkungen A. 3 und 4 – auch für den erwerbstätigen Unterhaltsberechtigten – entsprechend. Diejenigen berufsbedingten Aufwendungen, die sich nicht nach objektiven Merkmalen eindeutig von den privaten Lebenshaltungskosten abgrenzen lassen, sind pauschal im Erwerbstätigenbonus von 1/7 enthalten.

C. Mangelfälle

Reicht das Einkommen zur Deckung des Bedarfs des Unterhaltspflichtigen und der gleichrangigen Unterhaltsberechtigten nicht aus (so genannte Mangelfälle), ist die nach Abzug des notwendigen Eigenbedarfs (Selbstbehalts) des Unterhaltspflichtigen verbleibende Verteilungsmasse auf die Unterhaltsberechtigten im Verhältnis ihrer jeweiligen Bedarfssätze gleichmäßig zu verteilen.
Der Einsatzbetrag für den *Kindesunterhalt* entspricht in der Regel dem Regelbetrag (= 1. Einkommensgruppe), da der Bedarfskontrollbetrag einer höheren Gruppe nicht gewahrt ist.
Der Einsatzbetrag für den *Ehegattenunterhalt* wird mit einer Quote des Einkommens des Unterhaltspflichtigen angenommen. Trennungsbedingter Mehrbedarf kommt gegebenenfalls hinzu. Der Erwerbstätigenbonus von 1/7 kann ermäßigt werden (*BGH*, FamRZ 1997, 806) oder entfallen, wenn berufsbedingte Aufwendungen berücksichtigt worden sind (*BGH,* FamRZ 1992, 539, 541).
Eine Anrechnung des *Kindergeldes* unterbleibt, soweit der Unterhaltspflichtige außerstande ist, den Unterhalt in Höhe des Regelbetrags zu leisten (§ 1612b V BGB).

Beispiel:
Bereinigtes Nettoeinkommen des Unterhaltspflichtigen (V): 2 250 DM. Drei unterhaltsberechtigte Kinder: K 1 (Schüler, 18 Jahre), K 2 (11 Jahre), K 3 (5 Jahre), die beim wieder verheirateten, nicht leistungsfähigen anderen Elternteil (M) leben. M. bezieht das Kindergeld von 740 DM*.
Notwendiger Eigenbedarf des V:
1 500 DM.
Verteilungsmasse: 2 250 DM – 1 500 DM = 750 DM.
Notwendiger Gesamtbedarf der berechtigten Kinder:
580 DM (K 1) + 424 DM (K 2) + 349 DM (K 3) = 1 353 DM.

Unterhalt:
K 1: 580 x 750 / 1 353 = 322 DM
K 2: 424 x 750 / 1 353 = 235 DM
K 3: 349 x 750 / 1 353 = 193 DM

Zahlbeträge nach Anrechnung des Kindergeldes* (§ 1612b I, V BGB):
K 1: 322 – 0 = 322 DM, da weniger als 470 DM (580 – 110 DM Kindergeldanteil)
K 2: 235 – 0 = 235 DM, da weniger als 314 DM (424 – 110 DM Kindergeldanteil)
K 3: 193 – 0 = 193 DM, da weniger als 199 DM (349 – 150 DM Kindergeldanteil)
V zahlt insgesamt 750 DM. Die Kindergeldanteile des V von 110 + 110 + 150 = 370 DM dienen zur Aufstockung des Kindesunterhalts auf die Regelbeträge.

D. Verwandtenunterhalt und Unterhalt nach § 1615 l BGB

1. *Angemessener Selbstbehalt gegenüber den Eltern:* mindestens monatl. 2 250 DM (einschließlich 800 DM Warmmiete). Der angemessene Unterhalt des mit dem Unterhaltspflichtigen zusammenlebenden Ehegatten beträgt mindestens 1 750 DM (einschließlich 600 DM Warmmiete).
2. *Bedarf der Mutter und des Vaters eines nichtehelichen Kindes* (§ 1615 l I, II, V BGB): nach der Lebensstellung des betreuenden Elternteils, mindestens aber 1 300 DM, bei Erwerbstätigkeit 1 500 DM. *Angemessener Selbstbehalt gegenüber der Mutter und dem Vater eines nichtehelichen Kindes* (§§ 1615 l III S. 1, V. 1603 I BGB): mindestens monatlich 1 800 DM.

* In der seit 1. Juli 1998 geltenden Fassung der Düsseldorfer Tabelle sind noch die alten Kindergeldbeträge angegeben. Seit 1. Januar 1999 beträgt das Kindergeld für das erste und zweite Kind je 250 DM, für das dritte Kind 300 DM und für alle weiteren Kinder jeweils 350 DM pro Monat.

Berliner Tabelle ab 1. Juli 1998 als Vortabelle zur Düsseldorfer Tabelle

Die neue Tabelle ist veranlasst durch Gesetzesänderungen, die zum 1.7.1998 in Kraft treten. Sie geht aus von den in *§ 2 der Regelbetrag-Verordnung festgesetzten Regelbeträgen für das in Art. 3 des Einigungsvertrages genannte Gebiet* und nennt in Ergänzung der *Düsseldorfer Tabelle* (Stand: 1. Juli 1998 [FamRZ 1998, 534]) die monatlichen Unterhaltsrichtsätze der im Beitrittsteil des Landes Berlin wohnenden unverheirateten Kinder, deren Unterhaltsschuldner gegenüber insgesamt drei Personen (einem Ehegatten und zwei Kindern) unterhaltspflichtig ist und ebenfalls im Beitrittsteil wohnt. Die nachstehenden Vomhundertsätze Ost sind für die 1. Altersstufe und für die Gruppe 6 genau im Sinne von § 1612a II BGB neue Fassung und im Übrigen teilweise ungenau, da der Gesetzgeber die Regelbeträge Ost und West in der 2. und 3. Altersstufe nicht mathematisch exakt aufeinander abgestimmt hat.

Altersstufen in Jahren (Der Regelbetrag einer höheren Altersstufe ist ab dem Beginn des Monats maßgebend, in den der 6. bzw. 12. Geburtstag fällt.)		0–5 (Geburt bis 6. Geburtstag)	6–11 (6. bis 12. Geburtstag)	12–17 (–20*) (12. bis 18. Geburtstag) *(18. bis 21. Geburtstag, wenn noch in der allgemeinen Schulausbildung und im Elternhaushalt lebend)	Vomhundertsatz Ost	Vomhundertsatz West
Nettoeinkommen des Barunterhaltspflichtigen in DM						
Gruppe						
a)	bis 1 800	314	380	451	100,0	
b)	1 800–2 100	332	402	476	105,5	
c)	2 100–2 400	349	424	502	111,1	
	ab 2 400	wie Düsseldorfer Tabelle (aber ohne 4. Altersstufe und ohne Bedarfskontrollbetrag)				
Gruppe						
1.	bis 2 400	349	424	502	111,1	100
2.	2 400–2 700	374	454	538	119,1	107
3.	2 700–3 100	398	484	573	126,7	114
4.	3 100–3 600	423	514	608	134,7	121
5.	3 500–3 900	447	543	643	142,3	128
6.	3 900–4 300	471	570	677	150,0	135
7.	4 300–4 700	496	603	713	157,9	142
8.	4 700–5 100	524	636	753	166,8	150
9.	5 100–5 800	559	679	804	178,0	160
10.	5 800–6 500	594	721	854	189,1	170
11.	6 500–7 200	629	764	904	200,3	180
12.	7 200–8 000	664	806	954	211,4	190
	über 8 000	nach den Umständen des Falles				

Anmerkungen zur Berliner Tabelle: (West)

I. Der monatliche Selbstbehalt des Unterhaltspflichtigen beträgt gegenüber *minderjährigen Kindern und gleichgestellten volljährigen Schülern* (s.o. *)

1. wenn der Unterhaltspflichtige erwerbstätig ist: 1 350 DM (1 500 DM)
2. wenn der Unterhaltspflichtige nicht erwerbstätig ist: 1 170 DM (1 300 DM)

II. Der monatliche Selbstbehalt des Unterhaltspflichtigen beträgt gegenüber *volljährigen* Kindern

1. wenn der Unterhaltspflichtige erwerbstätig ist: 1 620 DM (1 800 DM)
2. wenn der Unterhaltspflichtige nicht erwerbstätig ist: 1 440 DM (1 600 DM)

III. Der monatliche *Selbstbehalt* des Unterhaltspflichtigen beträgt gegenüber dem *getrennt lebenden* und dem *geschiedenen Ehegatten*

1. wenn der Unterhaltspflichtige erwerbstätig ist: 1 530 DM (1 700 DM)
2. wenn der Unterhaltspflichtige nicht erwerbstätig ist: 1 350 DM (1 500 DM)

IV. Der angemessene *Bedarf* (samt Wohnbedarfs und üblicher berufsbedingter Aufwendungen, aber ohne Beiträge zur Kranken- und Pflegeversicherung) eines *volljährigen Kindes,* welches nicht gemäß § 1603 II Satz 2 BGB neue Fassung gleichgestellt ist, beträgt in der Regel monatlich: 990 DM (1 100 DM)

V. Der angemessene *Selbstbehalt* des Unterhaltspflichtigen gegenüber seinen *Eltern* beträgt mindestens monatlich: 2 025 DM (2 250 DM)

VI. Der angemessene Selbstbehalt des Unterhaltspflichtigen gegenüber der *Mutter* oder dem *Vater* (§ 16151 BGB neue Fassung) beträgt mindestens monatlich: 1 620 DM (1 800 DM

Die *Berliner Tabelle als Vortabelle zur Düsseldorfer Tabelle* ist anzuwenden, wenn sowohl der Unterhaltsgläubiger als auch der Unterhaltsschuldner im Beitrittsgebiet wohnen. Sie ist nur differenziert anzuwenden in den so genannten Ost-West-Fällen, in denen nicht alle Beteiligten im Beitrittsgebiet wohnen. In diesen Mischfällen ist wegen der Regelbeträge der Kinder nach Gruppe a) oder Gruppe 1 und wegen des Bedarfs laut Anmerkung IV. auf den Kindeswohnsitz und wegen des Selbstbehalts des Unterhaltspflichtigen auf dessen Wohnsitz abzustellen. Die Bestimmung eines höheren Unterhaltsbedarfs des Kindes richtet sich – ohne einen Abschlag von den Sätzen der Tabelle – nach den allgemeinen Grundsätzen. Der besseren Übersicht halber sind oben in Klammern die West-Beträge des OLG Düsseldorf bzw. bei den Anmerkungen II. und III. die West-Beträge des Kammergerichts genannt.

Register

REGISTER

REGISTER

Vom selben Autor sind im FALKEN Verlag u. a. bereits erschienen:
„Rechtslexikon Erben und Vererben" (2399)
„Ehen ohne Trauschein" (60189)
„Scheidung und Unterhalt" (60015)
„Testament und Erbschaft" (60058)
„Mustertestamente" (60420)

Sie finden uns im Internet: **www.falken.de**

Dieses Buch wurde auf chlorfrei gebleichtem
und säurefreiem Papier gedruckt.

Der Text dieses Buches entspricht den Regeln
der neuen deutschen Rechtschreibung.

ISBN 3 8068 2398 7

© 1999 by FALKEN Verlag, 65527 Niedernhausen/Ts.
Die Verwertung der Texte und Bilder, auch auszugsweise, ist ohne Zustimmung des Verlags urheberrechtswidrig und strafbar. Dies gilt auch für Vervielfältigungen, Übersetzungen, Mikroverfilmung und für die Verarbeitung mit elektronischen Systemen.

Umschlaggestaltung: Peter Udo Pinzer
Titelbild: SSI, Bavaria, Gauting
Layout: Klaus Ohl Design, Wiesbaden
Redaktion: Dietrich Voorgang
Herstellung: Ulrich Klein

Die Ratschläge in diesem Buch sind von Autor und Verlag sorgfältig erwogen und geprüft, dennoch kann eine Garantie nicht übernommen werden. Eine Haftung des Autors bzw. des Verlags und seiner Beauftragten für Personen-, Sach- und Vermögensschäden ist ausgeschlossen.

Satz: Raasch & Partner GmbH, Neu-Isenburg
Druck: Ludwig Auer GmbH, Donauwörth

817 2635 4453 6271